Spirit von Hamburg

Wolfgang Henkel & Christian Polscher

SPIRIT VON HAMBURG

Freimaurerische Spurensuche
vom Rathaus zur Universität

Inhalt

Frontispiz-Abb.:
Matthiae-Mahlzeit, hier 2019, Festsaal des Hamburger Rathauses. Vertreter aus Politik, Wirtschaft, Wissenschaft, Sport und Gesellschaft treffen sich zum Auftakt des Geschäftsjahres, ältestes noch begangenes Festmahl der Welt, seit 1356 (ausgesetzt zwischen 1724 und 1956)

EINFÜHRUNG

BÜRGERSINN UND AUFKLÄRUNG IN HAMBURG

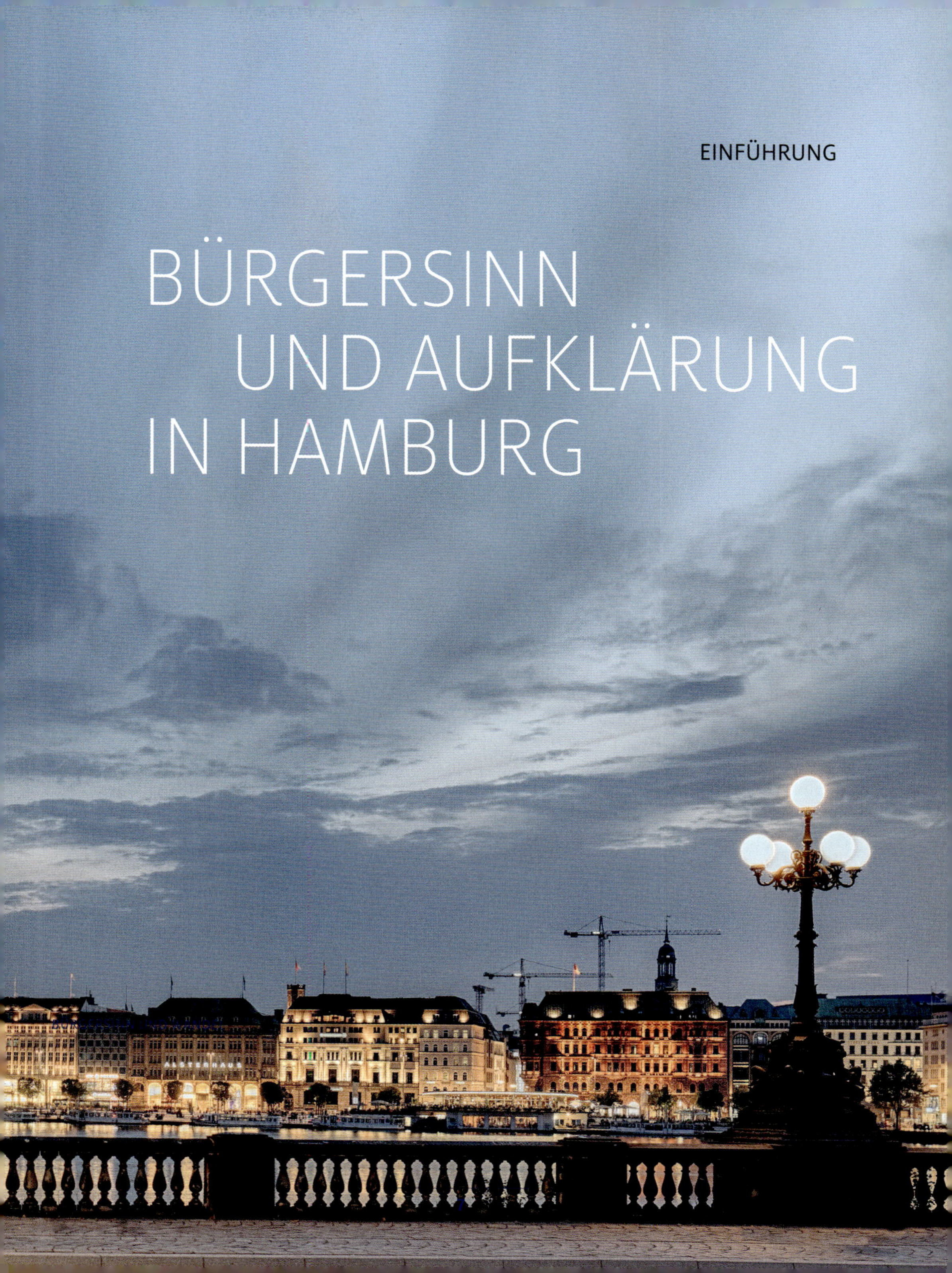

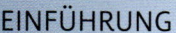

Es ist ein Spezifikum der hamburgischen Geschichte: der Stadtstaat an Alster und Elbe bietet Vereinen besondere Freiräume zur Entfaltung ihrer Kräfte. Seit über dreihundert Jahren gestalten die „freien Associationen" (Carl Theodor Welcker) das Gemeinwesen mit.

Am Anfang der langen Reihe traditionsreicher Vereinigungen steht, charakteristisch für die Hafen- und Handelsstadt, die 1690 gegründete *Kunst-Rechnungs-Liebende Sozietät*. Aus dieser gingen 1790 die *Gesellschaft zur Verbreitung der mathematischen Wissenschaften* und 1877 die *Mathematische Gesellschaft* hervor. 1765 entstand die *Hamburgische Gesellschaft zur Beförderung der Künste und nützlichen Gewerbe*. Rasch erhielt sie den ehrenden Beinamen *Patriotische Gesellschaft* und wurde zum Mittelpunkt der Hamburger Aufklärung und ihrer vielfältigen Reformbestrebungen. Als Forum für Fragen der Stadtentwicklung, des Umgangs mit der Geschichte der Stadt, des Denkmalschutzes, der Bildung, Kultur und Sozialarbeit wirkt die *Patriotische Gesellschaft von 1765* heute wie einst für Aufklärung und Toleranz.

Ab 1789 trafen sich Kaufleute, Juristen und Politiker in der *Harmonie*, einer Klubgesellschaft. Auch sie besteht noch heute. 1805 gründete Johann Carl Daniel Curio mit der *Gesellschaft der Freunde des vaterländischen Schul- und Erziehungswesens* einen der ältesten noch aktiven Lehrervereine der Welt; er firmiert seit 1976 als *Landesverband Hamburg der Gewerkschaft Erziehung und Wissenschaft im Deutschen Gewerkschaftsbund*. 1837 trat der *Naturwissenschaftliche Verein* in Hamburg erstmals zusammen, 1839 folgte der Verein für Hamburgische Geschichte.

Teil des frühen Vereinswesens ist die Freimaurerei. Die am 6. Dezember 1737 gegründete *Loge d'Hambourg* war die erste deutsche Loge. Sie konstituierte sich nach englischem Vorbild. Einheimische und Zugewanderte, Lutheraner, Katholiken und Reformierte wirkten in ihr zusammen, Humanität und Toleranz waren ihre Leitbilder. Der Rat der Stadt (Senat) beschloss zwar 1738 ein Verbot der Logentätigkeit, setzte dies aber nicht um und hob es 1740 wieder auf. Zu eng waren die Verbindungen der Logenbrüder zu den politischen, wirtschaftlichen und kulturell führenden Kreisen. 1738 nahmen die ersten Hamburger Freimaurer in Braunschweig den preußischen Kronprinzen Friedrich in ihre Loge auf. Über Friedrich, der 1740 preußischer König wurde, kam die Freimaurerei nach Rheinsberg und Berlin. Der Markgraf Friedrich von Brandenburg-Bayreuth, verheiratet mit Friedrichs Schwester Wilhelmine, trug die Freimaurerei weiter in die Residenzstadt Bayreuth, wo das Deutsche Freimaurermuseum einen Besuch lohnt.

Neben der *Loge d'Hambourg* (seit 1741 *Absalom*, seit 1765 *Absalom zu den drei Nesseln*) wirken heute noch zehn weitere Logen in Hamburg; drei von ihnen entstanden in der damals holsteinisch-dänischen Nachbarstadt Altona. Hamburg war und ist ein zentraler Ort der deutschen Freimauerei in ihrer humanistischen wie in ihrer christlichen Variante. Vielfach engagierten sich Freimaurer auch in anderen Vereinen. Angesichts solcher noch wenig erforschten Doppel- und Mehrfachmitgliedschaften würden wir heute von Netzwerken sprechen

Eng waren und sind die Verbindungen von Aufklärung und Freimaurerei. Doch gab es auch, so der Historiker Rudolf Vierhaus, einer der besten Kenner des 18. Jahrhunderts, die „Anfälligkeit für Esoterik, Pseudomystik und Geheimnistuerei als Ausdruck einer selbst beigelegten, nach außen nicht rechtfertigungsbedürftigen Bedeutsamkeit". Von solchen Irr- und Abwegen abgesehen teilten viele Aufklärer und Freimaurer „gemeinsame Erfahrungen und Ziele, die man am allgemeinsten mit den Begriffen Humanität, Toleranz und Bürgermoral umschreiben kann. 'Es mögen immer Grade im Orden bleiben', kritisierte der hochangesehene Hamburger Bürger und Freimaurer Georg Heinrich Sieveking 1787 die mystisch-hierarchischen Auswüchse des Ordens; 'der höchste Grad sei Bund der Aufgeklärten'". Johann Georg Büsch, ein Freund Sievekings, gehörte als Professor am Akademischen Gymnasium, als Begründer des Allgemeinen Vorlesungswesens, Leiter einer privaten Handelsakademie und als eines der engagiertesten Mitglieder der *Patriotischen Gesellschaft* zu den wirkmächtigsten Personen der Hamburger Aufklärung. Zur Freimaurerei blieb er auf Distanz: „Ich habe mich nie in einen sogenannten Orden oder irgend eine geheime Gesellschaft eingelassen. Zwar sind Freundschaft und Wohltätigkeit der hochgepriesene Endzweck der meisten Gesellschaften dieser Art, und beide sind mir sehr verehrliche Dinge. Aber wer jene üben will, und diese nach seinen Glücks-Umständen üben kann wird nur dann wahre Freude daran haben, wenn er seine Freiheit in deren Ausübung völlig behauptet, und in der Wahl der Gegenstände von beiden seinen Ueberlegungen und den durch diese geleiteten Gefülen seines Herzens folgen darf." Mit Friedrich Gottlieb Klopstock war Büsch der Initiator einer Lesegesellschaft, über die in den 1770er und 1780er Jahren auch Frauen Zugang zur Aufklärung fanden, wie auch am „Theetisch" von Sophie und Elise Reimarus. Patriotisch-gemeinnützige Sozietäten, Lesegesellschaften, Fachvereine, Kaffeehäuser, Theater, Konzertsäle, Bibliotheken, Gärten und Landsitze, Teetische und Salons waren wie die Logen Ausdruck aufgeklärter Geselligkeit, Orte des Gedankenaustausches.

Zu Büschs Freunden gehörte Gotthold Ephraim Lessing, der sich intensiv mit der Geschichte und Gegenwart der Freimaurerei befasste. Am 14. Oktober 1771 wurde er von der Hamburger Loge *Zu den drei Rosen* aufgenommen, von deren Arbeit er allerdings enttäuscht war. Was er von der Freimaurerei erwartete, fasste er 1778 in seiner Schrift *Ernst und Falk. Ein Gespräch für Freymäurer* zusammen, einem der großen Dialoge der deutschen Literatur und Lessings politisches Vermächtnis. Lessing sah die zentrale Aufgabe der Freimaurer, neben ihrem gemeinnützigen und wohltätigen Wirken, darin, den in allen politisch-sozialen Ordnungen vorhandenen ethnischen, nationalen, konfessionellen Schranken und Trennungen „entgegen zu arbeiten", sie „so unschädlich zu machen, als möglich". Wahre Freimaurer waren für ihn jene, „die über die Vorurteile der Völkerschaft hinweg wären, und genau wüßten, wo Patriotismus, Tugend zu sein aufhöret", „die dem Vorurteile ihrer angebornen Religion nicht unterlägen; nicht glaubten, dass alles notwendig gut und wahr sein müsse, was sie für gut und wahr erkennen", die „bürgerliche Hoheit nicht blendet, und bürgerliche Geringfügigkeit nicht ekelt; in deren Gesellschaft der Hohe sich gern herabläßt, und der Geringe sich dreist erhebt".

Mit ihrem Rundgang durch Hamburgs Innenstadt, der die stattliche Reihe der Wegbegleiter durch Hamburg erweitert und bereichert, führen uns Wolfgang Henkel und Christian Polscher an Stätten einstigen und heutigen Wirkens der Freimaurer. Die Autoren erinnern an Persönlichkeiten aus Hamburger Logen, von denen manche überregionale Bedeutung für ihren Bund besaßen wie Johann Joachim Christoph Bode, Drucker, Verleger, Übersetzer, Geschäftspartner und Freund Lessings, oder wie Matthias Claudius, den *Wandsbecker Bothen* und aktiven Freimaurer. Auch Friedrich Ludwig Schröder, Schauspieler und Prinzipal, Erneuerer des deutschsprachigen Theaters und der Freimaurerei in Deutschland, wird gewürdigt. Wir begegnen dem badischen Vormärzliberalen und Achtundvierziger Carl Theodor Welcker und August Heinrich Hoffmann von Fallersleben, dem Dichter des *Lieds der Deutschen*, dessen dritte Strophe unsere heutige Nationalhymne ist. Wir lernen die Logenhäuser an der Welckerstraße und an der Moorweidenstraße kennen – und sollten sie bei Tagen der offenen Tür oder am Tag des offenen Denkmals besuchen.

Auch die von den damaligen Großlogen der Freimaurerei nicht anerkannte Loge *Menschentum* mit ihren Mitgliedern Carl von Ossietzky und Walter A. Berendsohn wird berücksichtigt. Ossietzky wurde ein Opfer der nationalsozialistischen Gewaltherrschaft, wie auch der Freimaurer und Wohltäter Cäsar Wolf, der sich große Verdienste um das 1795 gegründete Freimaurerkrankenhaus erwarb. Seine Loge schloss ihn, den jüdischen Mitbürger, aus. Nachdem ihm von Nationalsozialisten das Betreten des Hospitals verwehrt worden war, erschoss er sich am 19. Mai 1933 in dessen Auffahrt. Drei Stolpersteine erinnern heute an ihn, einer am Ort seines Todes am Kleinen Schäferkamp 43, einer vor seiner Wohnung in der Oberstraße 107 und einer am Adolphsplatz vor der Handelskammer, für die er ehrenamtlich tätig war. Der Sozialdemokrat, Pazifist, Freimaurer und Jude Walter A. Berendsohn verlor seine Professur an der Hamburgischen Universität, floh über Dänemark nach Schweden und erwarb sich dort große Verdienste um die Erforschung der Exilliteratur. Die Philosophische Fakultät nun an der Universität Hamburg verweigerte ihm die Rückkehr; erst 1982 verlieh ihm der Fachbereich Sprachwissenschaften den Titel eines Ehrendoktors. Biographien wie die Ossietzkys, Wolfs und Berendsohns erinnern daran, dass eine Geschichte der Hamburger Freimaurerei im 20. Jahrhundert eine dringende Forschungsaufgabe ist.

Möge das Buch *Spirit von Hamburg* dazu beitragen, dass sich im Sinne Lessings Freimaurer und alle, Brüder wie Schwestern, die guten Willens sind, für Vernunft und Mündigkeit, Offenheit und Kritik, Humanität und Toleranz engagieren. Ein Spaziergang durch Hamburg kann dafür ein Impuls sein.

Franklin Kopitzsch, Hamburg

▷ Hamburger Rathaus, Entwurf und Planung durch den von Martin Haller gegründeten Rathausbaumeisterbund

BÜRGERGEIST
MIT EMPATHIE

> **"** Habe Mut,
> Dich Deines eigenen
> Verstandes zu
> bedienen."
>
> Immanuel Kant, 1724-1804

Diesen Leitspruch der **Aufklärung** des 18. Jahrhunderts haben Hamburger ernst genommen, und das Herz und die Liebe dazugelegt. Heraus kam der ganz individuelle Hamburg-Spirit: Dieses *Selbst* der Hanseaten basiert auf Modernität und Weltoffenheit, aber auch auf zeitlosen Werten wie Humanität, Wahrheit, Liebe und Toleranz. So ist wohl der hanseatische Geist, die geheime Schönheit, der **Spirit** der Stadt, schon vor weit mehr als 250 Jahren entstanden.

Wer in Hamburg lebt oder nach Hamburg reist, spürt den permanenten **Wandel**, die **Widersprüche** und **Kontraste**. Und er spürt immer wieder den Geist, oder ist es ein Mythos?

Andere Städte haben einen solchen Grundton nicht zu bieten. Ist dieser Grundton in der hanseatischen Verfassung begründet? Oder in den Vereinen und Stiftungen? Wurde er von den engagierten Baumeistern, Patrioten und auch Freimaurern beeinflusst? Das mag jeder selbst entscheiden. Wir versuchen uns zurückzuhalten. Aber mit Anregungen zur eigenen Meinungsbildung wollen wir nicht sparen.

Steif und schrill

Wir nehmen die Hamburger mal als fein, zurückhaltend, vielleicht ein wenig steif wahr. Hanseatisch vornehme Gelassenheit, die sich in den Parks um Alster und Elbe und natürlich in den weißen Villen in Harvestehude oder in den Elbvororten ausdrückt, die aber auch das neue Hamburg-Wahrzeichen, die *Elbphilharmonie*, die *HafenCity* und neue spektakuläre Architektur einbezieht. Alles eher leise und zurückhaltend, nicht um Beifall heischend. „Das neue teure Auto (oder das 8.000-Euro-E-Bike) lassen wir lieber um die Ecke stehen, den Rest gehen wir zu Fuß!"

Patriotische Gesellschaft

**Die Hamburger Altstadt –
Keimzelle der deutschen Freimaurerei**

Seit 1733 trafen sich beim alten Rathaus, im repräsentativen Hotel Kaiserhof auf dem Neß, Hamburger, die in London zu Freimaurern aufgenommen worden waren. Ziel: Die Gründung der ersten deutschen Loge.

Am 6. Dezember 1737 nahm dann die „Loge d'Hambourg" die 1743 den Namen „Absalom" erhielt, regulär ihre Arbeit auf. Am 24. September 1743 wurde die Loge „St. Georg zum Kaiserhof Hamburg" gegründet.

Freimaurerei war immer der Humanität, dem Gemeinwohl und dem Geist der Aufklärung verpflichtet. In Verantwortung pflegt sie Weltoffenheit, Freiheitsliebe, Toleranz, soziales und kulturelles Engagement. Heute wird die Freimaurerei in Hamburg in über 40 Logen praktiziert.

Diese Gedenktafel wurde aus Anlass des 275-jährigen Bestehens der zweitältesten hamburgischen Loge „St. Georg zur grünenden Fichte" am 22. September 2018 gestiftet.

△ Gedenktafel der Patriotischen Gesellschaft zur Gründung der ersten Deutschen Loge an der Trostbrücke

Wir nehmen die Hamburger aber auch als schrill und laut wahr. Auf St. Pauli und in St. Georg, in der Schanze und überall in den Musikclubs – vom *Docks*, *Knust*, *Molotow* bis zum *Golden Pudel Club*, *Gruenspan*, *Uebel & Gefährlich*, dem *Dollhouse*, *Schmidts Tivoli* oder der *Olivia Jones Bar*. Verrucht, manchmal alternativ, links. Vielleicht will das auch niemand genau wissen, Hauptsache anders und gegensätzlich zur häufig so empfundenen hanseatischen Blässe.

So kennzeichnen **Gegensätze** seit Jahrhunderten die Stadt: Arm und Reich. Laut und leise. Weltoffen und hin und wieder ganz schön rückwärtsgewandt. Kontraste eben.

Kontraste zeigen sich in Volksdorf wie in Billstedt, in Wilhelmsburg und auf der Veddel wie in Eimsbüttel, in Wandsbek wie in Lurup oder Blankenese. Hierzu gesellen sich bunte Container, Elbstrände, meist viel Wind sowie Ebbe und Flut. Eine wahrlich gute Mischung!

Eine Mischung, die im Ergebnis zufriedene Einwohner aufweist. Weil sich in Hamburg die Kontraste verstehen, meist sogar recht gut. So entsteht eine Mischung, die als innovativ und weltoffen empfunden wird. In jeder neuen Studie geben Hamburger an, hier gut leben zu können. Im Städteranking liegt Hamburg fast immer vorn: sympathisch, natürlich, attraktiv bis dröge. Das alles ergibt eine gute Schwingung.

Hanseatischer Geist

Aber woher kommt dieser hanseatische Geist, der die Kontraste verbindet? Dieser Kitt setzt sich wohl zusammen aus Natur, Geschichte, Mythen, Liebe, Toleranz, Empathie, Engagement und

Gemeinschaftssinn, Humanität, Liberalität, ehrbarem Kaufmannsgeist und einer Freiheitsliebe ohne Grenzen. Kommen wir zu sehr ins Schwärmen?

Diese weltoffene und tolerante Entwicklung begann schon vor hunderten von Jahren, vor und in der Zeit der Aufklärung, als Kirchen und Adel nicht mehr viel zu sagen hatten, als Freiheit und Humanität auch den Inhaberr der Bürgerrechte die uneingeschränkte Handels- und Gewerbefreiheit erlaubte. Wer den Eid als Großbürger abgestattet hatte und den Lehren Martin Luthers zugetan war, der lebte sein Selbstbewusstsein aus. Er war Herr seiner Entscheidungen.

Eine kulturelle Blüte folgte. Das 18. Jahrhundert zog Künstler, Architekten, Dichter und Philosophen an. Die Gesellschaft liebte den Diskurs, die Gespräche, auch den Streit. Bekanntes Beispiel ist Lessings laute Kontroverse mit Hauptpastor Goeze von *Sankt Katharinen*, der wohl berühmteste religiöse Streit des 18. Jahrhunderts, der als Anti-Goeze in einer Reihe von Flugschriften und Zeitschriftenbeiträgen ausgetragen wurde.

In Hamburg öffnete sich das selbstbewusste Bürgertum den neuen Ideen. Philanthropie entstand, bahnbrechende Entwicklungen wie beispielsweise die Einführung der *Warteschule* (Vorläufer des Kindergartens), das Berufsschulwesen und die Gründung der ältesten Sparkasse der Welt folgten. Es war eine goldene Zeit, diese zweite Hälfte des 18. Jahrhunderts bis hin zur Wirtschaftskrise 1799. Aus den ökonomisch orientierten Hanseaten wurde eine interessierte, weltoffene und tolerante Gemeinschaft. Kaufleute und Künstler gingen Hand in Hand, unter Beibehaltung des notwendigen Abstands. Das Bürgertum war plötzlich bestimmend.

Freimaurerei

Unsinn und Wahrheit

Unsinn

Kirche, Religion, Religionsersatz, Sekte
Partei, Geheim-, Verschwörungsbund
Antidemokratisch
Dogmatisch, reine Lehre
Rückwärtsgewandt
Frauenfeindlich

Wahrheit

Inspirationsquelle für eigenes Denken
Humanistisch, dem Geist der Aufklärung verpflichtet
Persönlichkeitsentwicklung
Ethisch-brüderlicher Bund
Zeitlos modern im Wandel
Interdisziplinär, undogmatisch

Für viele Bürger war ihr persönliches Gewissen ein Antrieb eigenen Handelns. Plötzlich stieß man allein und in Gemeinschaft in geistige Höhen vor, geistliche Höhen waren nicht mehr gefragt. Und wenn, dann bitte protestantisch! Anderswo waren noch der Adel oder die Kirche in Führungsrollen, in Hamburg war es jetzt die bürgerliche Oberschicht.

Im 18. Jahrhundert war das Wort des Patrioten noch nicht (national) abgenutzt, es trug vielmehr eine moralische und soziale Komponente in sich und war als liberal mit Hang zum Konservativen definiert. Gern wurden Patrioten auch „Stadtfreunde" genannt. In diesem Kontext verstanden sich auch die Freimaurer. Der Antrieb, das Beste für

Jacobi

Friedr. Ch. Perthes   Caroline Claudius

Graf Christian u.
Friedr. Leopold Stolberg

Rebekka u. Mathias Claudius

Klopstock

den Staat zu wollen, Wohlfahrt zu fördern gehörte dazu. Innere Schönheit eben. Diese soziale Verpflichtung zum gemeinnützigen Wirken ist untrennbar mit der Aufklärung verknüpft. Das Ziel: ein besseres, vernünftigeres, humaneres Leben für alle. Durch diesen Spirit erhielt der Hamburger geistigen Glanz. Glanz, der sonst Fürsten und Königen vorbehalten blieb. Hier hat er mit individuellem und gemeinschaftlichem Engagement und betörender Leichtigkeit die Ökonomie geprägt.

Der Lebens- und Kunststil der **Biedermeier-Epoche**, 1815–45, und der damit einhergehende Rückzug ins private Familien-Glück befeuerte diesen Trend. Eine Hamburg-Identität entstand.

Aristokratisch, demokratisch, repräsentativ?

Schon die einflussreichen Kaufmannsfamilien früherer Jahre hinterließen neben ihren Parks und Villen Spuren überall in der Stadt. Sie verzichteten darauf, ihr Geld auszustellen, zu protzen, zu schlemmen, und waren damit mehr dem Sein als dem Schein zugetan. Geprägt vom Verzicht auf Luxus, aber mit großer Barmherzigkeit, heute sagen wir Empathie. Das Selbst der Bürger und Bürgerinnen war bestimmend.

Es gab nie eine absolutistische Vorherrschaft. Das brachte ein komfortables liberales Umfeld hervor. Das Ergebnis der Verfassung war im 18. Jahrhundert eine Mischung aus drei Formen: nicht ganz aristokratisch, nicht ganz demokratisch, nicht ganz repräsentativ: So wurde der liberale Geist beflügelt.

◁ **Weihnachtsabend am Jungfernstieg im Hause Perthes um 1800**

Bürgergeist mit Empathie

Das Gute im Blick hatten schon die Hamburger im 15. und 16. Jahrhundert. Das Leben wurde noch stark von Kirche und Religion bestimmt.

Die Hamburger zeigten sich aber zunehmend empathisch. Nach der Gewerbefreiheit hatten die Zünfte keine Zukunft mehr, in Folge büßten die berufsbezogenen Bruderschaften ihre Bedeutung ein. Die Unterstützungskassen für Hilfsbedürftige überlebten trotzdem, Zünfte und Bruderschaften kümmerten sich nun verstärkt um die Armenfürsorge und die Notfallhilfe: Für Krankenkassen, Sterbe- und Armenkassen wurde Geld gesammelt.

Die **Niederländische Armen-Casse** entstand 1581. Sie sollte die protestantischen Flüchtlinge aus den Niederlanden unterstützen und später auch Nicht-Niederländern Unterstützung bringen. Viele Beispiele in Hamburg folgten.

Baron Caspar von Voght (1752–1839), Kaufmann und Sozialreformer, **Johann Arnold Günther** (1755–1805), Jurist, und **Johann Georg Büsch** (1728–1800) gründeten 1788 die **Allgemeine Armenanstalt**. Der Bürgermeister und Freimaurer **Amandus Augustus Abendroth** engagierte sich dort stark. Ihr Credo: „Arbeit statt Almosen."

„Beispielhaft" meinte wohl auch der österreichische Kaiser, der Vogt 1801 nach Wien rief, um eine Reform des dortigen Armenwesens umzusetzen. Der Titel eines Reichsfreiherrn war die Folge. Auch in Berlin setzte er die Reform um. In Hamburg hat die Organisation bis heute überlebt: 1920 ging sie auf in das Wohlfahrtsamt, heute **Behörde für Arbeit, Soziales, Familie und Integration**.

△ Amandus Augustus Abendroth, 1767–1842, Jurist, Polizei-Senator und Bürgermeister, Loge *Absalom zu den drei Nesseln*

△ Conrad Daniel Graf von Blücher-Altona, 1764–1845, Oberpräsident im damals zu Holstein-Dänemark gehörenden Altona, Loge *Carl zum Felsen*

Mit dem Hospital zum **Heiligen Geist** und dem **Gast- und Krankenhaus** entstanden hunderte Jahre zuvor fast zeitgleich zwei gemeinnützige Einrichtungen. Die Heiligengeistbrücke verbindet heute den Rödingsmarkt mit der Fleetinsel. Vor den Toren der Stadt von damals wurde 1393 das **Heiligengeistfeld** (heute findet hier der *Hamburger Dom* statt) erworben, Getreide für die Kranken baute man hier an. Südlich des Heiligengeistfeldes befand sich der **Hamburger Berg**, ab 1606 entstand hier der **Pesthof**, eine damals dringend erforderliche Einrichtung. Ab 1758 gab es dort sogar fließendes Wasser!

Ein Neubau der ab 1795 am Dammtorwall existierenden Freimaurer-Institute für weibliche und männliche Kranke entstand 1885 am Kleinen Schäferkamp. Die Nachfolgeinstitution: das heutige **Elisabeth Alten- und Pflegeheim**. Es hat Kriege, Feuerstürme, Epidemien von Cholera bis COVID-19 überstanden. Auch den G20-Gipfel mitten im Schanzenviertel überstand das Pflegeheim mit Bravour. Freimaurer gründeten und engagieren sich in diesem humanitären Hamburg damals wie heute.

Bürgerlichkeit definiert sich aus der Freiheit, der Machbarkeit und dem persönlichen Engagement: „Ich bin dabei, ich mache mit." Dieser Sinn kommt auch durch die Gründung der **Hamburger Feuerkasse** zum Ausdruck. Es entstand eine für die gesamte Stadt gültige **Feuer-Ordnung**. Sie wurde 1676 von der Bürgerschaft gebilligt, eine stadtübergreifende Feuerversicherung wurde ins Leben gerufen, das älteste Versicherungsunternehmen der Welt war damit gegründet.

Auch engagierte Einzelpersonen zeigten Mitgefühl. **Graf Blücher-Altona** steht stellvertretend für viele Freimaurer, die praktizierte Wohltätigkeit pflegten. Er wurde in Penzlin geboren, starb in Altona. Der Neffe des preußischen **Feldmarschalls von Blücher** wurde 1808 Oberpräsident in Hamburgs Nachbarstadt Altona. In der Besatzungszeit der Franzosen in Hamburg half er vielen Vertriebenen, nahm diese in Altona auf und gab ihnen Proviant und Wohnmöglichkeiten. Doch nicht allen konnte geholfen werden, 1.138 Vertriebene starben im Winter 1813/14 an Hunger und Kälte.

1842 schickte Blücher-Altona eigene Leute ins benachbarte Hamburg, um den Großen Brand mit zu löschen. Mehr als zwei Wochen lang stellte er täglich 3.000 Essensportionen für bedürftige Hamburger bereit. Für diese humanitären Leistungen wurde er mit der Ehrenbürgerschaft der Stadt Hamburg ausgezeichnet. Sein Mausoleum befindet sich im Wohlers Park, nahe der Kulturkirche Altona. In den Grünanlagen am Altonaer Rathaus steht sein 1852 geschaffenes Standbild.

Rauer Stein

Die Freimaurerei ist ein ethischer Bund freier Menschen mit der Überzeugung, dass die ständige Arbeit an sich selbst (der Raue Stein) zu einem verbesserten menschlichen Verhalten führt: Königliche Kunst. Von diesem Kernanliegen ausgehend wendet sich der Freimaurer den Themen Freiheit, Gleichheit, Brüderlichkeit, Barmherzigkeit, Toleranz und Humanität zu. Das Ziel: verändertes Verhalten soll positiv auf die Gesellschaft wirken.

Ehrenamt, Vereine, Stiftungen: Hamburg liegt vorn

Der liberale Geist vergangener Jahrhunderte fördert bis heute das Mitmachen, die Gemeinschaft in Hamburg.

Und die Bürger sind aktiv. In Ehrenämtern aller Art, besonders auch der **Kirchen**. Und in Ehrenämtern von **Vereinen** und **Stiftungen**. Allein über 600 Einrichtungen für die Kinder- und Jugendhilfe gibt es. Und über 2.100 Vereine aller Zielrichtungen. Vom *Frauentreff Wilhelmsburg e. V.* bis zur *Jugendpflege Steilshoop e. V.*, von der Haftentlassenen-Hilfe des *Vereins Integrationshilfen e. V.* bis zum *Förderverein Pik As e. V.*

Hamburg ist heute die Stadt der **Stiftungen**: 2021 gab es 1.460 Stiftungen. Auch damit liegt Hamburg deutschlandweit vorn. Denn dieser Zahl entsprechen 78,7 Stiftungen pro 100.000 Einwohner. Der bundesweite Durchschnitt liegt bei 29. Auch 110 Wohnstifte tragen dazu bei, dass Bedürftige in Hamburg bezahlbar wohnen können.

Haben der gesunde Menschenverstand und die Humanität des 18. Jahrhunderts besonders in Hamburg Karriere gemacht? Das Stiftungskapital der drei größten gemeinwohlorientierten Stiftungen beträgt heute 2,7 Milliarden Euro. Dies sind die *Joachim Herz Stiftung*, die *ZEIT-Stiftung Ebelin und Gerd Bucerius* und die *Körber-Stiftung*. Die *BürgerStiftung Hamburg*, *Dorit & Alexander Otto Stiftung*, *Claussen-Simon-Stiftung*, *Nordmetall-Stiftung* und die *Alfred Toepfer Stiftung* stehen hier stellvertretend für die weiteren fast 1.500 Stiftungen der Stadt. Diese Tradition lässt sich bis ins 13. Jahr-

△ Johann Wilhelm Kellner von Zinnendorf, 1731–1782, Preußischer Generalfeldstabsarzt im Siebenjährigen Krieg, Loge *Philadelphia zu den drei goldenen Armen*

Unternehmen verteilen jedes Jahr bis eine Million Euro an unterschiedliche Antragsteller. Die Mitarbeiter arbeiten ehrenamtlich. Der Verein ist politisch, weltanschaulich und konfessionell ungebunden. Hamburger Geist der Moderne.

Auch mehrere Freimaurer-Stiftungen sind Teil dieser Tradition und prägen die Geisteshaltung der Stadt mit. Die *Zinnendorf-Stiftung* betreut 25 schwerstpflegebedürftige junge Menschen in Hamburg-Eppendorf. Im angeschlossenen *Rosenstift* erhalten ältere und alleinstehende Menschen ein preisgünstiges Zuhause. Der Militärarzt und Freimaurer **Johann Wilhelm Kellner von Zinnendorf** initiierte auch den Bau des Berliner Kriegsinvalidenhauses. Die *Absalom-Stiftung* engagiert sich in der Förderung von Wissenschaft und Forschung, der Jugendhilfe, der Bildung und Erziehung, der Völkerverständigung. Die *Stiftung Phönikks* (Familien leben – mit Krebs), *Pestalozzi-Stiftung* (Kinder- und Jugendhilfe), Projekte des *Altonaer Kinderkrankenhauses* und der *Verein blinder und sehbehinderter Kinder* sind weitere Engagements. Die Stiftung ist Gründungsmitglied vom *Bertini-Preis e.V.* (Zivilcourage junger Menschen). Und mit dem *Mozart-Preis* für Gesang verzeichnet das freimaurerische Engagement auch einen jährlichen künstlerischen Höhepunkt. Die Tugend der Barmherzigkeit, heute sagen wir Altruismus, zeigt sich in diesen Jahren in vielen unbekannten Stiftungen. Ein Beispiel mit Bezug zur *HFBK Hochschule für bildende Kunst in Hamburg:* Neben anderen Förderern engagiert sich seit einigen Jahren die *Gisela Könk Grant Stiftung* als privater Zustifter zu Deutschlandstipendien der Bundesregierung. Frauen in Frauenhäusern und Kinder in Waisenhäusern werden zusätzlich unterstützt.

hundert zurückverfolgen. Sie alle, besonders auch die unbekannteren und kleineren Stiftungen wie der *Freundeskreis Ochsenzoll*, die *Stiftung zur Stärkung privater Musikbühnen Hamburg* und die *Stiftung Achtung! Kinderseele* beeinflussen den Geist der Stadt.

Sind das ausschließlich individuelle Engagements einiger Bürger? Nein – wie das *Hamburger Spendenparlament* (gegründet 1996) beweist: Über 3.000 Hamburger Privatpersonen und

Organisationen
förderten den Spirit

Das grundsätzliche Bedürfnis nach Schönheit (Gutes tun), Natur (Englischer Landschaftsgarten, Natürlichkeit), Tradition und sozialer Nähe kennzeichnen den Wandel des Denkens im 18. Jahrhundert. In der Aufklärung war begründet, nicht den Menschen zu verändern, nein, die Hoffnung war groß, mit Institutionen die Vernunft zu fördern, den Fortschritt zu meistern. Mit Institutionen wie der Kirche war nun „kein Staat" mehr zu machen. Sie litt unter Bedeutungsverlust, die großen Kirchenvorhaben liefen aus, der Klerus

Religion und Kirche

Freimaurerei fußt auf der christlichen Grundlage der Bergpredigt, dem Bekenntnis zur reinen Lehre Jesu Christi ohne religiösen Ersatzanspruch. Freimaurerei ist offen für alle Glaubensbekenntnisse und Weltanschauungen – sofern sie mit den Prinzipien der Ethik und Moral übereinstimmen. Der Freimaurer verpflichtet sich moralisch, nicht religiös. Religion ist immer auch ein Versprechen auf das Heute und Morgen. Freimaurerei will aber nichts versprechen, sie verfügt über keine Sakramente, Welträtsel werden nicht enthüllt.

Und die katholische Kirche? Sie hält die Freimaurerei nicht mehr für gefährlich, ist aber nicht eindeutig. Aus Freimaurersicht heißt es: Willkommen. Seitens der evangelischen Kirche gibt es keine Probleme. Andere Gläubige sind ebenso weltweit Mitglied im Bruderbund.

△ Ernst Georg(e) Sonnin, 1713–1794, bedeutender Ingenieur und Architekt, Mitgliedschaft in der Loge *Absalom zu den drei Nesseln* nicht nachgewiesen

hatte keine Lobby mehr. Parallel entwickelte sich das bürgerliche Bewusstsein. Lesegesellschaften entstanden. Bildung, Initiativen, Geist – viele Persönlichkeiten dieser Zeit prägten ihren individuellen Stil im Sinne geistiger Gemeinschaft. Organisiert wurde dieser bürgerliche Geist überwiegend in Vereinen.

Georg Ludwig Peitzer ruft 1789 die *Gesellschaft Harmonie* als großbürgerlichen Herrenclub ins Leben. Heute verleiht die Gesellschaft den *Hamburger Stifterpreis* und den *Hamburger Kindertheaterpreis.*

△ Logenhaus Moorweidenstraße 36

Die Blütezeit der *Philanthropischen Gesellschaft* von 1786 währte nur kurz: von 1786 bis 1798. Aber in dieser Zeit erlangte sie europäische Berühmtheit. Der große Zulauf war dem Hamburger Magistrat ein Dorn im Auge, er verbot die Gesellschaft mit der Begründung: „Zu gefährlich!"

Nach langer Durststrecke aber war es 1986 so weit, die *Neue Philanthropische Gesellschaft e. V.* (neuephil.de) bereicherte die Moderne. Prof. Dr. Alfred Schmidt war Gründungspräsident und engagierte sich mit einigen Mitstreitern für die Menschen- und Grundrechte in Deutschland. Grundlage ist die Verbreitung aufklärerischer Ideen: Toleranz, Freiheit, Gleichheit aller Menschen. Heute finden die Veranstaltungen im *Logenhaus Moorweidenstraße* statt.

Die *Patriotische Gesellschaft* von 1765 sammelte Ideen für das Gemeinwohl und verschrieb sich voll dem Geist der Aufklärung, 24 Jahre vor Beginn der Französischen Revolution. Keinesfalls national. Gründungsväter waren Reimarus, Kirchhof, Tönnies, Büsch und Sonnin.

Zur Gründung, deren Vorbild ebenfalls wie der Ursprung der Freimaurerlogen in London zu verorten ist, zählte die *Patriotische Gesellschaft* rund 100 engagierte Mitglieder. Die Gründungsidee, praktische Aufgaben von öffentlichem Interesse zu erfüllen und damit das Gemeinwohl Hamburgs zu fördern, ist gestern wie heute gültig und drückt sich aus im Leitspruch: „Nützlich für Hamburg. Aktiv für Menschen." Der Hamburger Historiker Franklin Kopitzsch spricht von einem „Motor der Modernisierung". Neben den heutigen Schwerpunkten Denkmalschutz, Stadtentwicklung und Bildungsförderung prägten vielfältige Initiativen zur „Kunst und nützlichem Gewerbe" die Gesellschaft. Hervorzuheben sind die Gründung der ersten Sparkasse 1778 (Vor-Läufer der heutigen Haspa), das Berufs- wie das Hochschulwesen, die Mitgründung bedeutender Museen, unter anderen des heutigen *Museums für Hamburgische Geschichte* (Verein Hamburgische Geschichte) und des *Museums für Kunst und Gewerbe*.

Die Geschichte der *Patriotischen Gesellschaft* von 1765 (patriotische-gesellschaft.de) ist, ähnlich wie die der Freimaurerei in Hamburg, auch eine Hamburger Stadtgeschichte. Teilweise waren die Mitglieder der *Patriotischen Gesellschaft* auch in der Freimaurerei aktiv. Patrioten und Freimaurer wollten damals wie heute Trennendes bei den Menschen abbauen. Sie wollten Einkommensunterschiede überwinden helfen, damals wie heute. Sie wollten Gerechtigkeit und Gegensätze im Glauben abbauen, damals wie heute. So sind die Ideen der Aufklärung und das gemeinsame Engagement der Patrioten und Freimaurer gegenüber den Bürgern eng miteinander verwoben.

Viele Freimaurer waren für die Stadtgeschichte beruflich oder auch ehrenamtlich entscheidend engagiert. Aber: Die Logen hatten die stadtgeschichtliche Entwicklung nicht zum Ziel, ihre Entwicklung lag im persönlichen Bereich,

△ Hermann Samuel Reimarus, 1694–1768, Gymnasialprofessor für orientalische Sprachen, Philosoph, am Lessing-Denkmal auf dem Gänsemarkt

der Selbstoptimierung, der Humanität, der Entwicklung des Geistes, des Lernens, des Erkenntnisgewinns, undogmatisch, in einem ethischen Bund freier Menschen. Und die Unterhaltung, das Miteinander, die Gemeinsamkeit kamen auch nicht zu kurz! Die Logen hatten die Stärkung und Entwicklung der Gesellschaft als Ganzes im Auge. Der geistige Bau der Menschheit hieß das Ziel.

Es war alles verzahnt miteinander, es entsprach dem Zeitgeist. Da die Freimaurerei kaum über eigenständige Inhalte verfügt – wir sollten sie mehr als Methode sehen – sind auch die Spuren in der Stadtgeschichte nicht immer eindeutig freimaurerisch zuzuordnen, es gibt eben kein Schild „Achtung! Freimaurerisches Symbol".

Aber wir können davon ausgehen, dass sich, wenn Freimaurer verantwortlich waren, freimaurerisches Denken mit dem Zeitgeist verband, was sich im Ergebnis widerspiegelt. Der Bürgersinn hat den Geist der Stadt befördert. Und den Mythos Hamburg. So schrieb der Verleger Wolf Jobst Siedler: „Städte leben von ihren Mythen mehr als von ihren Wirklichkeiten."

Jetzt wird es aber Zeit: Die Brüder Freimaurer Heine, Claudius, Lessing, von Stephan, Hammarskjöld, von Ossietzky und andere warten schon. Sie alle verbanden sich in einer großen Idee der Freimaurerei mit dem Dreiklang der Lebensgrundlagen Weisheit, Stärke, Schönheit.

Der britische Historiker John Dickie sagt in seinem Buch *Die Freimaurer*: „Wohin es die Freimaurerei auch verschlug, ihr Einfluss wirkte auf die Gesamtgesellschaft. Nur ein Beispiel: Die Aktivitäten, die sich im Geheimen abspielen (…), haben gerade jenen Werten zum Durchbruch verholfen, die wir mit unserem modernen öffentlichen

Symbol
Altgriechisch symbolon: zusammenfügen. Auch Kennzeichen, Merkmal, Emblem, Bild. Das Sinnbild steht für sich selbst – und gleichzeitig für etwas anderes. Das Symbol kann Gegenstand, Handlung, sprachlicher Ausdruck sein. Wichtigste freimaurerische Symbole sind das Winkelmaß (Recht, Gerechtigkeit, Menschlichkeit) und der Zirkel (Menschenliebe). Bekannt ist der musivische Fußboden, schwarz und weiß, jede Fläche quadratisch (Gegensätze des Universums).

Leben assoziieren. Die Freimaurer streben seit langem nach religiöser und ethnischer Toleranz, nach Demokratie, Weltoffenheit und Gleichheit vor dem Gesetz."

> **„** Im Grunde
> sind es immer
> die Verbindungen
> mit Menschen, die
> dem Leben seinen
> Sinn geben."

Wilhelm von Humboldt

△ Bürgergeist mit Empathie, gelebt auf der Galerie des Baumhauses: Freimaurerbrüder Lessing (Mitte), Herder und Claudius. Das 1662 erbaute Zoll-, Börsen-, Konzert- und Wirtshaus war beliebter Treffpunkt. Nachts verschloss der Hafenaufseher die Zufahrt zum Binnenhafen mit einem Baum. – Hier an der Ecke Baumwall/Steinhöft befindet sich die Elb-Schleuse des Alsterfleets, das Gegenstück sehen wir auf dem Weg vom Rathausmarkt zu den Alsterarkaden

VOM RATHAUS
ZUR MOORWEIDE

RATHAUS HAMBURG

↗ Wir stehen vor dem zentralen Punkt der Hanse-stadt, Stolz jedes echten Hamburgers: Das Hamburger Rathaus.

„Eines der vorzüglichsten Werke vom letzten Viertel dieses Jahrhunderts", wurde das Rathaus in einem Brief an den Rathausbaumeister **Martin Haller** gepriesen. Ein besonderes Haus mit Schönheit und Seele. Es ist ein wesentliches Symbol der Stadt, neben der *St. Michaeliskirche* und heute auch der *Elbphilharmonie*. Ein Symbol? Es ist *das Symbol*. Denn zusätzlich zur sichtbaren filigranen Attraktivität innen und außen spiegelt die verborgene Schönheit die Unabhängigkeit der Stadtrepublik.

In der Verfassung drückt sich der freie Wille der Entscheidung und des Handelns aus: Herrschaftsfreiheit, Libertät – Liberalität (ständische Freiheit, Handlungsfreiheit), Unabhängigkeit, Selbstbestimmung und Selbstverwaltung. Es ist eben nicht nur eine kommunale Behörde, vor der wir stehen, es ist der Regierungssitz eines selbständigen Staates mit dem stolzen Namen: **Freie und Hansestadt Hamburg**. Ein Glücksfaktor ist wohl diese Freiheit. Freiheit ist neben Einigkeit und Recht auch wesentlicher Teil der Nationalhymne. Ohne Freiheit gäbe es wohl kein Glück. Immanuel Kant stand der Freimaurerei sehr nahe. Er hat uns gelehrt, dass Freiheit nur durch Vernunft möglich ist. Und diese Freiheit basiert auf

◁ Die Stadtallegorie Hammonia grüßt vom Rathausportal

freiem Willen. Ist dieser Drang nach Freiheit (libertas) vielleicht die Grundlage des Spirits der Stadt?

Nach Aristoteles können Pflanzen, Tiere und vor allem Menschen eine Seele haben. Die Seele entspricht dem Sein. Darin findet sich das wieder, was den Menschen ausmacht. Hat die Stadt Hamburg eine Seele? Nicht im üblichen Sinne, aber doch stecken Menschen ihre Arbeit, ihre Energie, ihren ästhetischen Anspruch mit ihrem menschlichen Geist hinein, Ausdruckskraft entsteht. So gestalten Menschen die Stadt, der Geist führt dabei. Ein Mythos, ein Spirit entsteht. Und hier im Rathaus, da verorten wir den freiheitlichen Geist der Stadt, ausgedrückt durch die hier erarbeitete Verfassung vom 6. Juni 1952. Diese Landesverfassung ist staatsrechtliche Grundlage für den Stadtstaat.

Die Fassade zum Rathausmarkt

Über dem Haupteingang treffen wir **Hammonia**. Das Steuerrad weist auf ihre Führungsqualitäten hin: Ein sicherer Hafen wartet. Hamburgs Wohl, Hamburgs Schönheit wird durch diese Stadtgöttin repräsentiert. Ihr wurde auch die Hamburg-Hymne gewidmet: „Hammonia, oh wie so herrlich stehst Du da", heißt es in *Stadt Hamburg an der Elbe Auen*, von **Albert Methfessel** (1785–1869) komponiert, Text von Nikolaus Bärmann (1785–1850).

Die flämische Neo-Renaissance beeindruckt schon von außen. An der Rathausfront sehen wir entlang des Hauptgeschosses zwischen den Fenstern zwanzig Bronzestatuen deutscher Kaiser und Könige des alten Deutschen Reiches. Im Turm

dann zwei Statuen, links steht **Karl der Große**. Über den Kaisern und Königen die bürgerlichen Tugenden, Zeichen der Freiheit von der Krone. Oben am Turm sehen wir zwischen Uhr und Wappen den **Phönix**, unsterblicher Vogel aus der Asche. Mit seiner Flügelspannweite von zwei Metern erhebt er sich aus den Flammen, eine Erinnerung an den Großen Brand von 1842.

Im ersten Stock über den Fenstern sehen wir Sandsteinplastiken, wahlberechtigte Vertreter der Hamburger Arbeitswelt: Akademiker, Kaufleute, Handwerker. Frauen fehlen: Zur Zeit des Rathausbaus durften Frauen noch nicht wählen.

↗ Nun wollen wir die innere Schönheit erleben und gehen durch den Haupteingang direkt in die Eingangshalle mit den Lehrlingen der Bauhütten (acht Knaben stehen für die beteiligten Gewerbe) hinein. Dann in die Rathausdiele. Ohne Eintrittsgeld. Ohne Führung. Zu ebener Erde gelegen. Zu den Herrschenden soll der Bürger nicht aufsteigen müssen.

Baumeister

Der Ursprung der Freimaurerei liegt im Kathedralenbau. Oben in der Spitze des Turms suchte man damals das Licht, die Erleuchtung. Philosophie, Religion, Geometrie und die Welt der Zahlen schufen den Stolz dieser Jahrhunderte des Mittelalters. Dieser Stolz fand Eingang in die Freimaurerei.

Auch Gott wird gern als Baumeister bezeichnet: Die Welt als planmäßiges

---

▷ Maurer-Lehrling in der Eingangshalle

△ Martin Haller, 1835–1925, Baumeister und Architekt, Loge *Absalom zu den drei Nesseln* (nicht nachgewiesen)

Bauwerk eines Allmächtigen Baumeisters. Der Baumeister des Handwerks war für den Bau und für mehrere hundert Handwerker, auch für die Steinmetze, die freestone masons, verantwortlich. Steinmetzbruderschaften bildeten sich, der örtliche Sitz war die Bauhütte (operativ, bauhandwerklich). Daraus entstand die spekulative (symbolisch-philosophische und mystische) Freimaurerei. Aus der Bauhütte wurde die Loge. Und so wurde aus dem Architekten Martin Haller ein Freimaurer (vermutet).

Der Große Brand von 1842

Letztlich verdanken wir dieses beeindruckende Rathaus dem Großen Brand. Aber wie kommt das und warum? Deshalb hier die wichtigsten Punkte zu diesem für das Rathaus und die Stadtentwicklung so entscheidenden Ereignis: **Der Große Brand von 1842**.

Fakten

- Feuerwehr schien gut ausgerüstet. Politische Lage stabil. Flut nicht angekündigt. Eisenbahn nach Bergedorf sollte eröffnet werden. Also: alles gut!
- Beginn des Feuers: 5. Mai 1842, 1:00 Uhr, Rauch aus einem Kaufmannshaus (mit Speicher oben) an der Deichstraße 42 steigt auf: „Füer in de Diekstraat"
- Spritzenmeister Adolf Repsold ist sofort vor Ort
- Ende des Feuers: 8. Mai, vormittags

△ Jungfernstieg mit Sprengung Streit's Hotel und Haus von Salomon Heine

△ Die Folgen des Großen Brandes an der Alster, festgehalten auf dem ersten Fotodokument der hamburgischen Geschichte

△ Johann Ehlert Bieber, 1799–1856, Oberspritzen-
meister, Leiter der Hamburger Feuerwehr, Inhaber
der Glockengießerei am Schweinemarkt, Loge *Zum
rothen Adler*

Der **Große Brand** war eine vorhersehbare Kata-
strophe. In den Gängevierteln der Alt- und Neustadt war die Bebauung sehr dicht, zu dicht!
Diese eng zusammenstehenden einfachen Häuser und die langanhaltende Trockenheit waren
die Grundlage für den drei Tage dauernden
Brand, der ein Drittel der Stadt vernichtete. Nach-
träglich brachten dieser Brand und seine Folgeer-
scheinungen aber auch große städtebauliche
Impulse: **Nachbrandbebauung**. Auch dieses
stattliche Rathaus „verdanken" wir damit dem
großen Hamburger Brand von 1842.

Rathausbaumeisterbund

Nach dem Brand prägte **Martin Haller** das Bild
der Stadt: „Der Mann, der Hamburg entwarf", so
der *NDR*. Dort wo heute Hamburg schön ist, dort
spielte er eine wichtige Rolle. Die Musikhalle
(*Laeiszhalle*), das *HAPAG-Gebäude* am Ballin-
damm, das *Afrika-Haus* und weitere 500
Gebäude, auch viele Villen, wurden vom Hanseaten Haller konzipiert. Er war der Motor zum
Bau des Rathauses, er erfüllte auch hier alle
Ansprüche, im dritten Anlauf schaffte er es: Er
integrierte seine Konkurrenten im **Rathausbaumeisterbund** und vollendete mit diesem den
Bau erfolgreich. So waren viele Architekten und
Baumeister wie **Johannes Grotjan**, **Bernhard
Hanssen**, **Wilhelm Hauers**, **Wilhelm Emil
Meerwein**, **Henry Robertson**, **Hugo Stamm-
ann** und **Gustav Zinnow** am Bau beteiligt, sie
alle schrieben Stadtgeschichte. Manche von
Ihnen waren Freimaurer, manche nicht. Reich-
tum darzustellen, Größe und Traditionsbewusst-
sein, das war das Ziel.

- Ergebnis: Das *Alte Rathaus* verloren. Das Bör-
sengebäude ist abgebrannt, die *Neue Börse*
beschädigt, die *Patriotische Gesellschaft* hatte ihr
Domizil verloren … und auch die *Hamburger
Feuerkasse* (Ironie des Schicksals) verlor ihr
Haus, das alte Haus an der Trostbrücke mit der
Feuerkassenstube wurde gesprengt. 50 Tote,
20.000 Menschen obdachlos, 4.000 Wohnun-
gen zerstört, 61 Straßen und 120 Plätze ebenfalls
- Die Kirchen *St. Petri* und *St. Nicolai* wurden im
Brand vernichtet. 102 Speicher, 1.000 Wohnge-
bäude und auch Gast- und Speisewirtschaften
fielen den Flammen zum Opfer: 127 Krüger, 94
Wirte und 4 Bordellwirte

△ Festakt zum Neubau des Rathauses 1897

Fakten

- 1842 Am 6. Mai wird das alte Rathaus gesprengt, um die Ausbreitung des Großen Brandes einzudämmen
- 1872 Gründung der *Rathausbaukommission*
- 1886 Grundsteinlegung zum Rathausneubau
- 1897 Am 26. Oktober wird das Rathaus eingeweiht
- 1997 Zum 100-jährigen Jubiläum wird das Rathaus aufwändig restauriert

Der *Rathausbaumeistergemeinschaft* in der zweiten Hälfte des 19. Jahrhunderts unter der Leitung von Martin Haller gehörten sogenannte Privatarchitekten an. Neben Haller setzen sie die private und staatliche Bautätigkeit um. Auch ein Jagd- und Sommerhaus für **Hans von Ohlendorff** (1880–1967), Kaufmann und Freimaurer in der Loge *Zum Pelikan*, in Hamburg-Volksdorf gehört dazu. Über dem Café-Eingang steht noch heute: „Habe immer etwas Gutes im Sinn."

Bedeutender Hamburger Baumeister und Architekt war auch **Johann Friedrich (Fritz) Höger** (1877–1949). Er war neben Schumacher Vertreter des norddeutschen **Backsteinexpressionismus** und erbaute 1924 das **Chilehaus** und weitere 3.000 Bauten (nach eigenen Angaben). Das *Chilehaus* hat die markante Form eines riesigen Passagierschiffes mit 2.800 Fenstern. Högers Ziel: Er wollte Hitlers Stararchitekt werden … und scheiterte.

Öffentliche Gebäude und Fabriken entstanden durch die Kreativität von **Bernhard Hanssen**, **Wilhelm Emil Meerwein**, **Wilhelm Hauers**, **Hugo Stammann**, **Gustav Zinnow**, **Johannes Grotjan** und **Henry Robertson**. Diese akademisch ausgebildeten Architekten und Baumeister bestimmten das Baugeschehen über Jahrzehnte und schufen große Teile der Stadt. **Handwerkerbaumeister** und Bauunternehmer haben die überwiegend großen Wohnungsbauanlagen geschaffen.

Senat und Bürgerschaft

Der Geist der alten Verfassung von 1860 war für **Martin Haller** prägend für die Rathauskonzeption. 1879 wurde die Verfassung revidiert. Seit 1952 gibt es wieder eine demokratische Verfassung. Die vorerst letzte Änderung erfolgte 2016.

Im Gebäude und am Interieur des Rathauses spürt man den ursprünglichen Geist. Bürgerschaft und Senat haben hier lebendige Arbeits- und Repräsentationsräume.

Heute ist das Rathaus auch ein Zentrum städtischer Aktivitäten. Sitzungen, Pressekonferenzen, Empfänge und Veranstaltungen aller Art finden hier statt. Die beiden obersten Organe, Bürgerschaft und Senat, arbeiten hier: der Senat im rechten, die Bürgerschaft im linken Flügel. Die Raumstruktur innen bildet das Verhältnis der beiden Organe ab: **Bürgerschaftsflügel** und **Senatsflügel** liegen sich gegenüber, verbunden durch den großen **Festsaal**. Er ist physisch die Mitte des Rathauses, Bürger und Obrigkeit haben hier ihren Platz, auch die Verfassung. Der Festsaal war ständiger Tagungsort der Bürgerschaft „mit Abstand" während der Corona-Pandemie.

Das Rathaus ist der Ort der Rechenschaft gegenüber dem Gemeinwesen. In vielen weiteren Räumen finden sich Hinweise zur Freimaurerei – sei es in Form von Bildern, Kunstwerken oder Texten.

Gleichheit

Freiheit, Gleichheit, Brüderlichkeit – so der Geist der Französischen Revolution. Zuvor auch eine Idee der Aufklärung, parallel auch eine Idee in der Freimaurerei des 18. Jahrhunderts. Diese Idee fand Eingang in das Freimaurer-Ritual: In der Loge sind alle Brüder gleich. Deshalb tragen alle die gleiche schwarze Kleidung. Erst draußen, im sogenannten profanen Leben, entstehen die Unterschiede! Aus dieser Diskrepanz ergeben sich Verhaltens-Maßstäbe für Freimaurer im normalen Leben.

Fakten

- Das heutige Rathaus ist der sechste Rathaus-Bau seit dem 13. Jahrhundert

- 647 Räume, sechs mehr als der *Buckingham-Palast* verzeichnet
- Granit- und Sandsteinbau, wegen des sumpfigen Bodens auf 4.000 Eichenpfählen erbaut
- 111 Meter lang und 70 Meter breit. Der Mittelturm ist 112 Meter hoch
- Im Inneren findet sich ein Stilgemisch aus Renaissance, Barock und Klassik. Eine gelungene Komposition!
- Die Kosten betrugen elf Millionen Goldmark
- Das Rathaus kann mit geführten Besichtigungen *erobert* werden (hamburg.de/rathausfuehrung)

Rathausdiele

Spüren Sie hier in der Rathausdiele den **Grundton** der Stadt? Beachten Sie die **Dielenuhr** über dem Haupteingang. In der Mitte des Schlagwerks hängt eine Bronzeglocke. Sie wird vom Tod und von der Mutter, die ihr Kind auf dem Schoß hält, angeschlagen. Die Uhrglocke schlägt von 7 bis 19 Uhr zu jeder vollen Stunde. Der Bildhauer Karl Börner (1828–1905) hat den anbrechenden Tag in Gestalt eines krähenden Hahns zusätzlich symbolisiert.

Hat Martin Haller versucht die Überwindung der Finsternis durch das Licht darzustellen? Vielleicht ist es ein freimaurerisches Zeichen der Vergänglichkeit – der leibliche Tod wartet auf jeden von uns? Oder ein Symbol für den Wandel, wichtiges freimaurerisches Element? Vielleicht ist es auch ein Zeichen dafür, dass es weitergehen könnte? Aber was kommt dann?

Beachten Sie in diesem Zusammenhang das Gewölbe der **Rathausdiele**, getragen von 16 Sandsteinsäulen mit Portrait-Reliefs verdienter Hamburger („Hamburgs Walhalla"). 15 der 64 Per-

sönlichkeiten waren aktive Freimaurer. Vier Frauenabbildungen befinden sich separat an einer Säule direkt neben dem Aufgang zum *Senatsgehege*. Männer dominierten die Auswahl der Portraits, auch Freimaurer natürlich, obwohl doch mehr Frauen vorgeschlagen waren. Es siegten die Männer in mehreren Kategorien – bei den Frauen gewannen die Wohltäterinnen: Elise Averdieck, Amalie Sieveking, Emilie Wüstenfeld, Charlotte Paulsen.

Darüber hinaus werden auch die Freimaurer Campe, Sonnin (vermutet), Semper, Schröder, Methfessel, Mettlerkamp, Lessing, Klopstock, Perthes (vermutet), von Ossietzky (Wandrelief) und weitere mit einer Abbildung geehrt.

↗ Wir gehen auf gleichem Weg zurück in das Licht des Rathausmarktes durch die Eingangshalle. Nun sind wir bereit für den Spirit der Stadt! Wir gehen um den Rathaus-/Börsenkomplex herum – und stehen später wieder auf dem Rathausmarkt.

Große Johannisstraße

Wir wollen erst einmal die Komplexität des Rathauses verinnerlichen, gehen außen rechts in die **Große Johannisstraße**. Beachten Sie gleich rechts den Treppenabgang zum früheren **Ratsweinkeller**, dem heutigen **Restaurant Parlament** (parlament-hamburg.de). Hier im Treppenabgang von der Großen Johannisstraße stimmt Sie Bacchus auf hanseatische Küche ein. Die spätbarocke Bacchus-Figur (1770) überstand den Großen Brand 1842! Das Restaurant ist unbedingt einen Besuch wert: Fresken, Gewölbedecken und Säulen warten auf Sie. Versuchen Sie einen Blick in den Raum Rose (inoffizieller Damensalon) zu

△ Heinrich Johann Merck, 1770–1853, Kaufmann und Senator, Loge *Absalom zu den drei Nesseln*

△ Gabriel Riesser, 1806–1863, Rechtsanwalt, Journalist und Politiker, Loge *Zur aufgehenden Morgenröte, Frankfurt/Main*

△ Rathausdiele mit Portrait-Reliefs an den Säulen. Unter den 64 vermutete Freimaurer

△ Georg Heinrich Sieveking, 1751–1799, Hamburger Kaufmann und Anhänger der Aufklärung, Loge *St. Georg zur grünenden Fichte*

△ Hermann Baumeister, 1806–1877, Jurist, Präsident der Hamburgischen Bürgerschaft, Loge *Ferdinand zum Felsen*

sonen waren 15 Freimaurer oder

A. Haller   W. Hauers   E. Meerwein

Die Baumeister des

△ Gemeinschaftstoiletten ohne Wasseranschluss begünstigten 1892 die Ausbreitung der Cholera

werfen und freuen sich am Reigentanz junger Mädchen. Diese Räume schaffen eine hamburgische Atmosphäre, oder sagen wir besser: sie bilden den Geist der Stadt ab. Viele Schiffsmodelle finden sich in einem Kellersaal und im Grundsteinkeller des Restaurants. Achten Sie im Restaurant auch auf das Gruppenbild der sieben Architekten des Rathausbaumeisterbundes.

◁ Drei Mitglieder des Rathausbaumeisterbundes: Martin Haller, Wilhelm Hauers, Wilhelm Emil Meerwein

Rathaus-Hof

Nach einigen Metern rechts können wir in den **Rathaus-Hof** hineingehen und treffen auf den Brunnen der **Hygieia**, der griechischen Göttin der Gesundheit. Hier mittig zwischen Rathaus und Handelskammer/Börse wird uns die Bedeutung der Gesundheit, besonders des Wassers, für unser Leben vermittelt: Die Frau besiegt den Drachen der Seuche. An der Cholera-Epidemie 1892 erkrankten 17.000 Menschen, 8.600 starben. Ursprünglich war an dieser Stelle aus der griechi-

schen Mythologie der Schutzgott des Verkehrs, des Reisens, des Handels vorgesehen: Hermes (römisch: Merkur).

Erst 1886 wurde in Hamburg eine kommunale **Stadtreinigung** geschaffen. Die mangelhaften Wohnverhältnisse in den engen Altstadtquartieren bekam man so schnell nicht in den Griff. So wütete 1892 die Cholera mehrere Monate in der Stadt. Der heiße Sommer, ein niedriger Wasserstand der Elbe, hohe Wassertemperaturen, mangelnde sanitäre Zustände und eine schlechte Gebrauchtwasserentsorgung begünstigten die Cholera-Ausbreitung. Besonders auf Hamburger Gebiet, denn Altona hatte das Trinkwasser bereits gefiltert, Hamburg war das Filtern zu teuer!

An dieser Stelle kommt ein für die Hamburger Stadtentwicklung wichtiger Mann hinzu: **William Lindley**. Sir (!) William Lindley. Er ergänzt die Baumeisterriege in diesen für das Stadtbild so entscheidenden Jahren. Die Architekten und Baumeister reichten als Mitglieder der *Technischen Kommission* Vorschläge für die Gestaltung Hamburgs nach dem Großen Brand 1842 ein. Hinsichtlich der Wasserversorgung und Schmutzwasserentsorgung setzte sich der mehrfach geänderte Lindley-Entwurf durch.

Ob Lindley Freimaurer war, ist nicht nachgewiesen. Er war ein Ingenieur englischer Herkunft. Schon vor dem Brand, 1834, konzipierte er die Eisenbahnlinie Hamburg – Berlin, die aber im ersten Teilstück nur bis Bergedorf gebaut wurde. Als Mitglied der *Technischen Kommission* setzte er teilweise revolutionäre Ideen um. Sein Denkmal

△ Sir William Lindley, 1808–1900, britischer Ingenieur der Stadtplanung mit Ver- und Entsorgungstechnik

◁ Hygieia-Brunnen im Innenhof

steht am Baumwall direkt neben dem Siel-Einstiegshäuschen. Seit 2012 ist auch eine Berufsschule nach ihm benannt. So wurde aus der *Klempnerfachschule* von 1906 heute die *G2 Berufliche Schule William Lindley für Sanitär-, Heizungs- und Klimatechnik* – in Verbindung mit erneuerbaren Energien. So wirkt Lindley auch in die Zukunft hinein.

Lindley zur Seite standen unter anderen die Freimaurer Baudirektor **Carl Ludwig Wimmel** (Leitung) und Architekt **Gottfried Semper**.

Konstante

Freimaurerei wird inhaltlich bestimmt von den Konstanten der Welt. Das sind die vier Elemente Wasser, Feuer, Erde, Luft. Sie sind zeitlos gültig und geben den Symbolen, Ritualen und dem Brauchtum Impulse.

Stadtrepublikanische Unabhängigkeit – ausgedrückt durch die wunderschön gestaltete **Brautpforte** an der Fassade des Senatstrakts? Was soll die Brautpforte an dieser Stelle? Martin Haller, verheiratet, wollte ein Standesamt einrichten. Die Idee fand keine Zustimmung, aber eine Brautpforte, die dahinter im Innenbereich liegende Brautdiele und die Brauttreppe, ja gern – aber kein Standesamt! Es musste auch die Symmetrie des Hofes optimiert werden, ein Gegenstück zum gegenüberliegenden Küchenfenster war erforderlich: Die eigentlich überflüssige Brautpforte

schaffte architektonisch perfekte Harmonie! Ein Schmuckstück ohne praktischen Nutzen: Keine Braut schritt bis vor einigen Jahren durch diese Tür, die direkt in die schmucklose **Brautdiele** führt. Es folgt die **Brauttreppe** mit dem für diesen Ort falschen Spruch: „Ehret die Frauen, sie flechten und weben, himmlische Rosen ins irdische Leben". Danach steht man im **Senatstreppenhaus**. Ist es ein Wink, dass der Weg „nach oben" durch die Heirat mit einer Senatorentochter schneller gelingt? Hamburgs Familien wählten die Mitglieder des Senats aus ihren Kreisen, eine Einheirat versprach damals schon politische Macht.

↗ Wir verlassen diesen harmonischen Innenhof mit den Gedanken an die Schönheit und stellen fest, dass Hamburg sich auch emotional weiterentwickelt: Seit 2002 wird die Brautpforte einmal im Monat an einem Freitag mit Leben gefüllt. Heiraten im Hamburger Rathaus!

△ Gesundheit und Leben als Symbol

△ Hotel Kaiserhof (1845), Neß 10, erbaut 1619, Abbruch 1871, Originalfassade im Innenhof des *Museums für Kunst und Gewerbe* (rechts *Patriotische Gesellschaft*)

Exkurs 1 ‖ Standort Altes Rathaus

↗ Den Innenhof verlassend gehen wir in die Große Johannisstraße, folgen der Börsenbrücke zum Standort des Alten Rathauses, heute Sitz der *Patriotischen Gesellschaft*.

Hier an der Börsenbrücke 10/Trostbrücke 4–6 stand das **Alte Hamburger Rathaus**, erbaut 1290, später mehrfach erweitert. Direkt gegenüber befand sich das im 17. Jahrhundert „erste Haus am Platze", **Kaiserhof,** Neß 10. Ein Renaissancepalast, 1619 erbaut, 1726 von der Stadt gekauft, Abriss 1873. Ab 1733 trafen sich hier – und in der *Taverne d'Angleterre*, Große Bäckerstraße – in London aufgenommene Hamburger Freimaurer. Ihr Ziel: die Gründung der ersten Loge in Deutschland.

Das gegenüberliegende Alte Rathaus musste im Zuge des Großen Brandes von 1842 gesprengt werden. Man versuchte so der weiteren Verbreitung der Flammen Einhalt zu bieten. Das über 500 Jahre alte Rathaus aber war verloren.

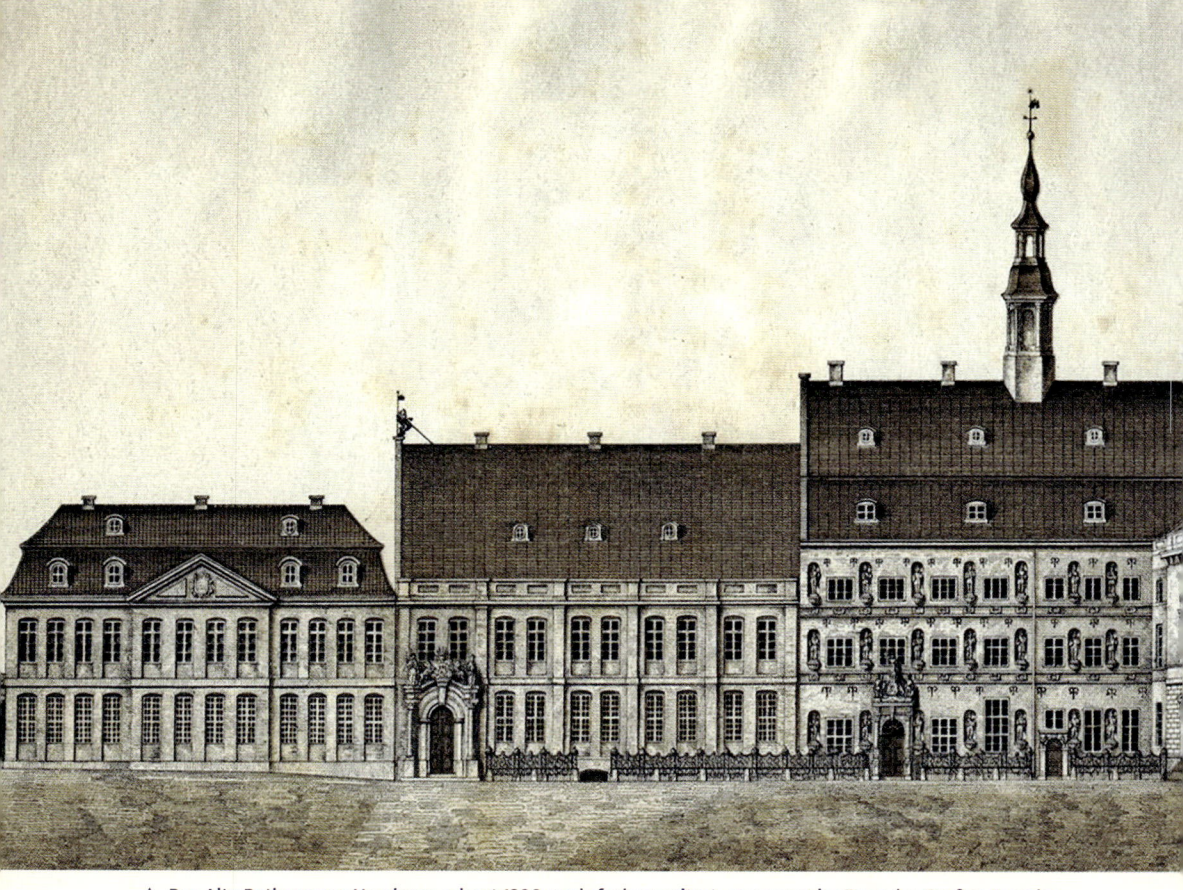

△ Das Alte Rathaus von Hamburg, erbaut 1290, mehrfach erweitert, gesprengt im Zuge des Großen Brandes 1842

1845 bis 1847 erbaute die **Patriotische Gesellschaft von 1765** hier ihr neues Zuhause auf den Fundamenten des alten Rathauses nach Entwürfen des Architekten **Theodor Bülau** (1800–1861).

Da der Rathaus-Neubau nach dem Brand lange auf sich warten ließ, diente dieses Haus übergangsweise von 1859 als Sitzungsort der gewählten Bürgerschaften. Die Sitzungen fanden im heutigen Reimarus-Saal statt, bis das neue Rathaus 1897 endlich eingeweiht werden konnte.

1923–24 wurde dieses Haus von den Architekten **Klophaus** und **Schoch** für den *Übersee-Club* aufgestockt. Nach Beschädigungen durch den Zweiten Weltkrieg konnte es bis 1957 im ursprünglichen Stil der hansestädtischen Gotik wiederhergestellt werden.

▷ Haus der Patriotischen Gesellschaft heute

Die *Patriotische Gesellschaft* ist heute sogar in Sachen städtischer Biodiversität aktiv: Bienenvölker auf dem Dach sorgen für Patrioten-Honig. Was steckt dahinter? 1791 führte die *Patriotische Gesellschaft* den Bienenkorb als Logo ein*:* „Emolumenta Publico, dem Wohl der Allgemeinheit." Das war das Symbol für den Fleiß der Bürger Hamburgs.

Auch in der Freimaurerei ist die Biene Symbol für Gemeinsinn und Solidarität. An der Fassade des Logenhauses in der Moorweidenstraße sind an den Balkonen Bienen dargestellt: Symbol für die Emsigkeit des Tuns und Handelns humanitärer Arbeit.

Wir sind zwar auf der Suche nach der Wahrheit, hier aber erlauben wir uns eine Spekulation. In den Anfangsjahren der *Patriotischen Gesellschaft* betätigten sich dort auch viele Freimaurer: Abendroth, Bartels, Baumeister, Hanfft, Lorenz-Meyer, Merck, Mettlerkamp, Perthes, Sieveking. Hier in der Patriotischen Gesellschaft konnten sie ihre humanitären Gedanken in tatkräftiges Tun und Handeln im Sinne der Gemeinschaft umsetzen. Dazu waren die Logen nicht geeignet. Bienenfleiß hier wie dort: einmal im Geiste, einmal im Handeln verbunden.

Im südöstlichen Rathaus-Bereich zwischen der ehemaligen *Hauptkirche St. Nikolai* (heute Mahnmal) und dem Komplex Rathaus/Handelskammer entstehen neue Quartiere, initiiert durch den *Business-Improvement-District* (BID): **Rathaus-Quartier** und **Nicolai-Quartier**. Credo: Grundeigentümer und Händler beteiligen sich finanziell am Wandel der Stadt. Nur wenn Hamburg sich wandelt, bleibt die Stadt sich treu und der Spirit bleibt!

Dieser Wandel bietet neue Shopkonzepte, schafft neue Fußgängerzonen und Aufenthaltsqualitäten inmitten der City. Ein Beweis dafür ist die Bohnenstraße. Sie wurde nach dem Zweiten Weltkrieg durch ein monumentales Bürogebäude überbaut, jetzt im Zuge des Wandels wird sie wieder sicht- und begehbar und macht den Weg vom Großen Burstah zur Trostbrücke frei.

Hamburger sprechen gern vom französischen Viertel. Frankreich in Hamburg? Die französische Besatzungszeit 1806–14 hinterließ ihre Spuren, Jahrhunderte nachdem der Rotspon angekommen war und einige Jahre zuvor ein französischer Adeliger als erster Pächter den Alsterpavillon eröffnete. Viel wichtiger aber ist das **Franzbrötchen**, der Legende nach ein vergeblicher Versuch Hamburger Bäcker, den französischen Truppen Napoleons zu Beginn des 19. Jahrhunderts ein ordentliches Croissant anbieten zu können. Das Franzbrötchen hat den unfreiwilligen Wettbewerb gewonnen, bis heute! *Franzbrötchen am Morgen vertreibt Kummer und Sorgen!*

↗ Unser kurzer Exkurs zum Standort Altes Rathaus endet hier.

> ❞ Der Spirit wird heute gelebt:
> zum Frühstück ins *Café Paris*, Rathausstraße 4 (cafeparis.net) oder zum Diner ins *Le Plat du Jour*, Dornbusch 4 (le-plat-du-jour.de).

△ Unser nächstes Ziel: die Börse in Hamburg, hier 1836

BÖRSE UND HANDELSKAMMER

↗ Wir stehen vor der Handelskammer, Adolphsplatz 1.

Im Gebäude findet sich die *Selbstverwaltung der Hamburger Wirtschaft* (seit 1665), die **Handelskammer Hamburg**. Früher wurden hier auch sämtliche Börsenaktivitäten abgewickelt (ältester Börsenplatz der Welt, seit 1558). Die heutige *Hanseatische Wertpapierbörse Hamburg* arbeitet als *BÖAG Börsen AG* auch in Hannover und Düsseldorf. Sitz in Hamburg, Rathausstraße, Ecke Große Johannisstraße.

Die *Handelskammer Hamburg* vertritt 170.000 Mitglieder der gewerblichen Hamburger Wirtschaft. 850 Ehrenamtliche sind in den Ausschüssen engagiert und unterstützen die festangestellten Mitarbeiter des Hauses und die Politik. Handel und Politik, Börse und Rathaus, sind durch zwei später angebaute Flügel eng miteinander verknüpft. Ein kleiner Übergang verbindet das Rathaus mit der Handelskammer, auch das ist ein Ausdruck der Stärke der Wirtschaft im Stadtstaat.

Politik und Wirtschaft verstehen sich gut, auch wenn in der jährlichen Silvester-Ansprache (durchgeführt vom *VEEK*, der **Versammlung Eines Ehrbaren Kaufmanns zu Hamburg e. V.**) am 31. Dezember der Politik *die Leviten gelesen* werden. Während dieser ritualisierten Endjahresabrechnung darf kein Volksvertreter antworten.

◁ Jährliche *Versammlung* eines *Ehrbaren Kaufmanns zu Hamburg e.V.* im Börsensaal

△ Handelskammer im alten Börsengebäude

Still und ergeben nehmen die Politiker die Kritik der Kaufmannschaft entgegen. Ein altes Ritual. Kaufmännisches Streben und soziale Verantwortung ist das Ziel von 1.200 werteorientierten Mitgliedern des *Vereins des Ehrbaren Kaufmanns*. Politik und Geld: Hand in Hand!

↗ Gehen Sie gern in die unteren Räume der Börse hinein.

Die Makler, Agenten, Assekuradeure und Sachverständige der Hamburger **Getreidebörse** und der **Hamburger Versicherungsbörse** sind werktags von 13:30 bis 14:00 Uhr zu beobachten, bevorzugt in den Arkaden zwischen Börsensaal und Effektensaal der Handelskammer. Die Hamburger Versicherungsbörse ist einmalig in Deutschland. Im Gegensatz zu den Wertpapierbörsen dient dieser tägliche Parketthandel nur zum Austausch von

△ Alexander von Humboldt, 1769–1859, Naturforscher, Mitbegründer der Geografie als empirische
Wissenschaft

△ Carl Ludwig Wimmel, 1786–1845, Architekt und
Baumeister, Baudirektor, Loge *Zum Rothen Adler*

Informationen und zur Geschäftsanbahnung
beziehungsweise Geschäftsabwicklung. Vorwie-
gend geht es um Transport, Feuer, Haftpflicht. Die
Versicherungsbörse ist seit 1558 ein Teil des Wirt-
schaftsgeschehens der Stadt. Hier haben das Wort
und der Handschlag Vertragscharakter!

Im linken Gebäudekomplex der Handelskammer stoßen Sie auf die älteste Wirtschaftsbiblio-
thek der Welt! Mit ihrem Bestand von über
180.000 Medien dient die 1735 gegründete **Com-
merzbibliothek** seit fast 300 Jahren den Hamburger Kaufleuten.

Der spätklassizistische Mittelbau der **Neuen
Börse** entstand 1839–41 unter Leitung des Baudirektors und Freimaurers **Carl Ludwig Wimmel**.
Die feierliche Einweihung dieses neuen Handels-
platzes erfolgte am 2. Dezember 1841.

Bereits zwei Tage später wurde der prächtige
Bau von der Kaufmannschaft als künftiges Ge-
schäftszentrum angenommen. Den **Großen Brand
von 1842** überstand das Gebäude zum Glück. Im
Inneren der heutigen Handelskammer finden wir
viele freimaurerische Spuren, so zum Beispiel die
zwei Portraitbüsten der Brüder **Alexander von
Humboldt** (1769–1859), Naturforscher, Weltrei-
sender, und **Wilhelm von Humboldt** (1767–1835).
Beide waren führende Deuter der Aufklärung und
Wilhelm nachgewiesenes Ehrenmitglied der Frankfurter Loge *Zur Einigkeit*.

War Alexander von Humboldt nur Deuter oder
auch Logenmitglied, wie Vater Alexander Georg
(1720–1779) und sein Bruder Wilhelm? *Humboldt
im Netz* (HiN), eine internationale Zeitschrift für
Humboldt-Studien, hat 2019 die Frage aufgewor-
fen: „War Humboldt Freimaurer?" Dabei wurde
das Fehlen einer religiösen Haltung und die dar-

△ Stolperstein Cäsar Wolf vor dem alten Freimaurer-Krankenhaus

aus folgende Kritik ebenso thematisiert wie die Tatsache, dass sein möglicher Bezug zur Freimaurerei noch weitgehend unerforscht ist: „Zwar erscheint Humboldt auf einigen Listen illustrer Freimaurer, zudem tragen einige Logen seinen Namen, aber die Frage bleibt offen." Was hat er mit Hamburg zu tun? In Hamburg setzte er seine kameralistische Ausbildung an der **Hamburger Handelsakademie** fort. Das war eine Privatschule zur Förderung des kaufmännischen Nachwuchses, initiiert von **Johann Georg Büsch**.

Auf dem Treppenabsatz zum Eingang in die Handelskammer finden wir auch einen der drei Stolpersteine in Hamburg für **Cäsar Wolf**. Er wollte wie gewohnt Anfang Mai 1933 das **Freimaurer-Krankenhaus** am Kleinen Schäferkamp betreten, aber ein Uniformierter schlug ihm die **Tür vor der** Nase zu: „Juden sind hier ab heute unerwünscht." Daraufhin ging er tagelang vor seiner ehemaligen Wirkungsstätte auf und ab. In der Nacht vom 12. auf den 13. Mai 1933 suchte er den Freitod, direkt vor der Auffahrt des Krankenhauses. Bereits am 14. Mai wurde er beigesetzt.

Ab 1921 leitete der Bankier und Freimaurer Cäsar Wolf das **Freimaurer-Krankenhaus**. Er war

bereits dafür verantwortlich, dass 1914 ein Barackenlazarett auf dem Gelände eingerichtet wurde und so tausende verwundete Soldaten hier gesund gepflegt werden konnten. Seine Loge *Absalom zu den drei Nesseln* rüstete einen aus 38 Waggons bestehenden Lazarettzug aus, der dem Roten Kreuz zur Verfügung gestellt wurde.

Nachdem sein Bruder verstorben war, leitete Cäsar das *Bankhaus A. Wolf* allein. Als Fondsgesellschaft war das Unternehmen seit vielen Jahren an der Wertpapierbörse vertreten und gehörte dem Verein der Mitglieder der Wertpapierbörse in Hamburg an. Cäsar Wolf wurde in die *Versammlung Eines Ehrbaren Kaufmanns* aufgenommen. Er wurde in das Plenum der Handelskammer und in den Vorstand der Wertpapierbörse gewählt und war Mitglied der Zulassungsstelle der Börse. Zwei Leitlinien bestimmten sein Leben: „Die Liebe zum Vaterland und aktiver Dienst am Mitmenschen." Und dieses Engagement drückte sich auch in weiteren Aktivitäten aus: Förderung armer Schauspielerkinder, Verein für Krüppelfürsorge, *Vaterstädtische Stiftung* (Bau und Verwaltung von Stiftswohnungen für alte Menschen).

Bereits im Alter von 23 Jahren trat Cäsar Wolf 1898 in die von seinem älteren Bruder geleitete Bank ein. 1899 heiratete er, 1900 wurde er Vater. Nun war er beruflich und privat gefestigt, 1901 wurde er Mitglied der Loge *Absalom zu den drei Nesseln*, einige Jahre später Schatzmeister und dann auch „Meister vom Stuhl", sozusagen der Vorsitzende.

Wenn Cäsar Wolf selbst den Zug der verwundeten Soldaten begleitete, klagte er vor seinen Freunden: „Hätte ich Deutschland nicht so lieb, nur halb so groß wäre mein Schmerz." Sein Geist wirkt nach.

△ Cäsar Wolf, 1874–1933, Privatbankier, Meister vom Stuhl der Loge *Absalom zu den drei Nesseln*

Der Freimaurer Ivan Philipp schrieb diese Verse anlässlich des Todes für seinen Logenbruder Cäsar Wolff:

> Es war, als ob ein Glas zersprang,
> Als ob ein Glas zu Boden klirrt,-
> Es war, als ob ein weher Klang
> Verloren durch die Lüfte irrt –

> Es war, als ob sich Finsternis
> Erkältend auf die Seele schlug,
> Es war, als ob die Saite riß,
> Die eben noch Akkorde trug.

Auf dem Treppenabsatz zur Handelskammer finden wir auch den Stolperstein für Ivan Philipp (1875-1944).

ALTER WALL

↗ Wir folgen dem Adolphsplatz und gehen in die kleine Seitenstraße Alter Wall.

Nun stehen wir linksseitig vor beeindruckender historischer Architektur, begleitet von Lifestyle und Kunst. Der *Architekten- und Ingenieurverein (AIV)* hat dieses Ensemble Alter Wall 2–32 mit teilweise denkmalgeschützten Fassaden ausgezeichnet: Bauwerk des Jahres 2020.

Diese Straße hat sich in den letzten Jahren ordentlich herausgeputzt. Wir stehen vor einer städtebaulichen Gebäude-Perle, vom Hamburger Architekten **Volkwin Marg** behutsam modernisiert. Diese Fassade blieb weitgehend erhalten. Entstanden ist ein kurzer, aber konzentrierter Boulevard für Handel, Kontor, Kunst: fünf zusammenhängende Gebäude aus der Zeit um 1900, innen völlig restauriert in den Jahren 2018–20. *Gesellschaftsspiegel* ist der Titel der beiden spektakulären Skulpturen von Olafur Eliasson, die den 150 Meter langen Boulevard begrenzen.

Das Shopping-Center **Alter Wall Hamburg** verbirgt sich hinter der alten Fassade des Verwaltungsgebäudes der HypoVereinsbank, das 1903 ebenfalls von **Martin Haller** in einer gemeinsamen Sozietät mit dem Freimaurer und Architekten **Hermann Geissler** (1859–1939) errichtet wurde. Heute findet man hier Fashion, Accessoires, Interieur, Beauty und Einrichtungen.

◁ Alter Wall: Kunst und Lifestyle neben der Handelskammer

△ **Herrenkleider-Magazin von Ladage & Oelke im 19. Jahrhundert, Alsterarkaden**

In diesen alten Räumen der Bank finden wir heute auch das **Bucerius Kunst Forum** (buceriuskunst-forum.de), ein privates Kunstmuseum mit Wechselausstellungen: Alter Wall 12. Das Museum finanziert sich aus den Erträgen der *ZEIT-Stiftung*. Sie verfolgt seit 1971 ausschließlich gemeinnützige Zwecke. **Gerd Bucerius** (1906–1995), Verleger, Stifter, Mäzen, gründete die *ZEIT-Stiftung Ebelin und Gerd Bucerius*.

Auch **Ladage & Oelke** ist im neuen *Alter Wall* *Hamburg* dabei, nur wenige Meter vom alten Standort dieser renommierten Marke zwischen Alsterarkaden und Neuer Wall entfernt. Direkt nach dem Hamburger Brand machten sich hier 1845 **Georg Wilhelm Carl Ladage** und **Johann Dietrich Wilhelm Oelke** in den neuerbauten Alsterarkaden selbständig. Erst waren sie Tuchhändler, später beschäftigten sie 110 Maßschneider. Aktivitäten bis Hongkong und Shanghai folgten. Heute erstrahlt dieses englische Herrenkleiderma-

△ Das neue Geschäft von Ladage & Oelke im Alter Wall Hamburg

gazin in der fünften Generation und bietet besondere Einblicke in die Welt der Gentlemenswear. Mit kleinem Café und Sommerblick auf das Rathaus.

Beide Unternehmer wurden 1852 zu Freimaurerbrüdern aufgenommen: Georg Wilhelm Carl Ladage von der Loge *Emanuel zur Maienblume*, Johann Dietrich Wilhelm Oelke von der Loge *Ferdinande Caroline zu den drei Sternen*.

Früher befand sich hier die alte **Stadtbefestigung**. 1560 wurde der damals vorgelagerte **Neue** Wall gebaut. Da war das Ende des **Alten Walls** gekommen. Aber um 1900 war die Straße wieder voller Leben, bis sie lange Zeit als Kfz-Parkfläche genutzt in den letzten Jahrzehnten zur Schattenseite des Rathauses wurde.

Die **Reichsbank** war ursprünglich am Alten Wall 2 angesiedelt. Daraus wurde 1856 die *Vereinsbank*, später die *Vereins- und Westbank*, die heute als **HypoVereinsbank** am Neuen Wall 64 residiert.

Männersache?

Unsinn, denn in der Freimaurerei sind auch Frauen willkommen. Aber früher waren die Steinmetze nun einmal Männer! Es gibt heute reine Frauenlogen, unter anderem *Isis und Osiris i.O. Hamburg*, Logenhaus Moorweidenstraße. Auch gemischte Logen arbeiten hier seit Jahren. Aber es ist richtig: Nach wie vor wird die Freimaurerei von Männern dominiert. Das liegt in der Geschichte begründet: Nach den „Alten Pflichten von 1723" sind Frauen ausgeschlossen. Und das weltweit ändern? Dazu fehlt es wohl auch am Willen der Freimaurer!

Die erste Frauenloge wurde bereits 1893 gegründet. Die Frauenlogen sind vernetzt im *Ring Europäischer Freimaurerinnen*, in Deutschland in der *Frauen-Großloge von Deutschland (FGLD)*. Sie sind akzeptiert, aber nach alten Statuten eben nicht regulär. Marion Gräfin Dönhoff war keine Freimaurerin.

△ Kurt Rudolph Broschek, 1884–1946, Buch- und Zeitschriftenverleger, Loge *Roland*

Von der Rückseite des Gebäudes Alter Wall 12 führt die **Marion Gräfin Dönhoff-Brücke** über das Alsterfleet zum Neuen Wall, zur Alten Post, zum Hanse-Viertel und zu mehreren Passagen: Kaufmannshaus, Kaisergalerie, Galeria, Hanse-Viertel, Hamburger Hof und in die sehenswerten Stadthöfe, schräg gegenüber dem Axel Springer Verlagsgebäude. **Marion Gräfin Dönhoff** (1909–2002) war Journalistin und Chefredakteurin der Wochenzeitung *DIE ZEIT*.

Auch ein anderer Verleger verdient an dieser Stelle unsere Aufmerksamkeit: Hier an der Ecke Hohe Bleichen/Große Bleichen, im heutigen *Hotel Renaissance Hamburg*, treffen wir auf den Freimaurer **Kurt Rudolph Broschek**. Mit seinem Vater und seinem Bruder entwickelte er das **Hamburger Fremdenblatt** zu einer Erfolgsgeschichte. Aber in NS-Zeiten hatte er es nicht einfach mit seiner Geradlinigkeit. Die Gestapo verhaftete ihn. Der Grund: Er hatte einen von den Nationalsozialisten vorgegebenen Bericht mit Angriffen gegen die Freimaurerei geändert und in seiner Zeitung veröffentlicht. Er fühlte sich der Wahrheit verpflichtet! Wahrheit ist einer der

△ Broschek-Haus, heute Hotel Renaissance Hamburg

umstrittensten Begriffe der Philosophie. Die Freimaurerei setzt auf die Liebe zur Wahrheit, das Streben danach kennzeichnet die Freimaurerei und damit auch Broscheks Haltung.

Diese Wahrheit aber hatte das Verbot seiner Tätigkeit zur Folge, und dann 1936 auch die Enteignung des *Hamburger Fremdenblattes*, erste Zeitung seit 1828 (damals *Hamburger Beobachter*) mit einer Fremdenliste, die auswärtige Gäste der Stadt aufführte – ein Novum seinerzeit. Nach dem Krieg wurde Kurt Rudolph Broschek von den Engländern nur noch als Sachverwalter seiner

Firma eingesetzt. **Kurt Broschek** wurde 1914 von der Loge *Roland* zum Freimaurer aufgenommen. Auch Vater Albert und Bruder Ludwig waren Mitglieder dieser Loge. Das *Hamburger Fremdenblatt* lebte im Untertitel des *Hamburger Abendblatts* von 1948 bis 1992 weiter.

Das dominante Eck-Gebäude wurde 1926 in beeindruckender Klinkerbauweise als Geschäftshaus durch **Fritz Höger** errichtet, 1980–82 dann von den Architekten von Gerkan, Marg und Partner zum Hotel umgebaut.

△ Axel Cäsar Springer, 1912–1985, Zeitungsverleger, Gründer *Axel Springer AG*, Loge *Die Brückenbauer*, später auf eigenen Wunsch ehrenvoll ausgetreten

△ Erwin Krafft, 1923–2010, Kunstmaler, zeichnete im Hamburger Abendblatt die Illustrationen in der Rubrik „Menschlich gesehen", Loge *Zur Hanseatentreue*

99 *Übrigens:*

Das Trocadero, vornehmes Etablissement, adressierte direkt nebenan, Große Bleichen 22. Hier feierten gern Hamburger Kaufleute ihre Börsenerfolge mit einer der fünfzehn Unterhaltungsdamen. Unter der Kuppel des heutigen Hanse-Viertels dominierte die Farbe Rot! Hier, direkt hinter dem Ort des späteren *Trocadero*, weihten bereits 1827 die Brüder der *Provinzialloge von Niedersachsen* ihr zweites Logenhaus ein.

△ Denkmalgeschützte Fassade am Alten Wall

RATHAUSMARKT

↗ Wir haben nun das Rathaus und die Handelskammer umrundet und stehen wieder auf dem Rathausmarkt.

Tausend Jahre Stadtgeschichte werden uns bewusst. Die erste Stadtmauer des frühen 13. Jahrhunderts verlief hier. Um 1236/37 entstand an dieser Stelle das **Kloster St. Johannis**. Nach dem Großen Brand 1842 wurde dieses neue Zentrum Hamburgs geschaffen – mit geordneten Straßenverläufen. Direkt nach dem Brand installierte der Senat unter Leitung des Baudirektors **Carl Ludwig Wimmel** die *Technische Kommission* mit der Aufgabe, aus Rathausplatz und Kleine Alster ein städtebauliches Kunstwerk zu schaffen. Und das wurde es! Im rechten Winkel sind Boden und Wasser zugeordnet. Sehen Sie über den Rathausmarkt in Richtung Kleine Alster: Erkennen Sie in der großen weiträumigen Anlage ein riesiges L? Sehen Sie es? Sehen Sie den rechten Winkel, dort an den Treppen zum Fleet?

In Anlehnung an die L-Form des Markusplatzes in Venedig schlug **Gottfried Semper** für Hamburg als Winkel (Rechter Winkel) zum Rathausmarkt das Becken der Kleinen Alster vor. Die runde Treppe (Viertelkreis) stellt die gelungene Verbindung vom Platz zum Wasser dar. Auch in Venedig öffnet sich der Platz zum Wasser. Mit dieser Konzeption fügte

◁ **Rathausmarkt im Zentrum von Hamburg**

△ Gottfried Semper, 1803–1879, Baumeister, Architektur- und Kunsttheoretiker, Loge *Ferdinand zum Felsen*

Winkelmaß

Das Logenmitglied ordnet sich während der rituellen Tempelarbeit mit Hilfe der Symbole und Allegorien in die Ganzheitlichkeit der Welt ein. Symbole des früheren Bauhandwerks werden ins Geistige erhoben. So steht zum Beispiel das Winkelmaß (rechter Winkel) für Gewissenhaftigkeit, Rechtschaffenheit, Vernunft und Gesetz. An dieser Stelle (Rathausmarkt) könnte es als Symbol für die Einhaltung gesellschaftlicher Regeln und die Ordnung einer Gemeinschaft gesehen werden.

Semper das Winkelmaß als wichtigstes Freimaurersymbol direkt im Zentrum unserer Stadt für immer ein … oder hat es sich nur so ergeben? Erst viele Jahre nachdem er Hamburg bereits verlassen hatte, wurde sein Vorschlag umgesetzt. Wer würde heute noch daran denken? Vielleicht Verschwörungstheoretiker? Der Plan des kompletten Ensembles mit Freitreppe, Kleine Alster, Alsterarkaden, Schleusenbrücke, Rathaus und sonstigen Gebäuden wurde sofort nach dem Großen Brand 1842 begonnen. Aber ob das L des Rathausmarktes nun wirklich ein freimaurerisch von Semper und Wimmel integriertes Symbol ist – wir wissen es nicht.

Ehrenmal

Im Winkel sehen wir die Wassertreppe. **Fritz Schumacher** (1869–1948), Hamburgs großer Backstein-Baumeister, betonte durch das **Ehrenmal für die Gefallenen des Ersten Weltkriegs** (von Claus Hoffmann 1930–32) diesen Punkt. Das Relief der trauernden Mutter stammt von **Ernst Barlach** (Autor, Zeichner, Bildhauer, 1870 in Wedel bei Hamburg geboren, 1938 in Rostock gestorben). In der NS-Zeit wurde das Relief durch einen Phönix ersetzt. Die Nazis errichteten das Gegendenkmal hierzu am Stephansplatz. Nach dem Zweiten Weltkrieg wurde das Barlach-Relief rekonstruiert. Die Inschrift: „40.000 Söhne der Stadt ließen ihr Leben für Euch.“

Heine-Denkmal

Heinrich Heine kennen wir als einen der bedeutendsten deutschen Dichter, Schriftsteller und … Freimaurer. Er war jüdischer Abstammung. Er machte die deutsche Alltagssprache lyrikfähig

△ **Ehrenmal für die Gefallenen des Ersten Weltkriegs**

und zeichnete sich besonders durch eine nie zuvor gekannte Eleganz und Leichtigkeit der Sprache aus. Seine erste Zeile der *Nachtgedanken* ist bekannt: „Denk ich an Deutschland in der Nacht …"

In Hamburg lernte er Bankkaufmann bei seinem Onkel Salomon Heine, mit einer eigenen Tuchhandlung ging er in Konkurs – aber danach startete seine Karriere des Geistes. Zusammen mit seinem Vater **Samson Heine** (1764–1829) besuchte er die Loge *Zur aufgehenden Morgenröte* in Frankfurt/Main. Dort erfuhren sie die gesellschaftliche Anerkennung, die ihnen als Juden oft verwehrt blieb.

△ Heine-Denkmal an der Südostseite des Rathausmarktes

△ Heinrich Heine, 1797–1856, Journalist und Dichter, Loge *Les Trinosophes*, Paris

△ Mahnmal zur Erinnerung an die Bücherverbrennung

Mit den Bildtafeln unterhalb der 1982 von dem Künstler **Waldemar Otto** geschaffenen Figur wird auf zwei Ereignisse hingewiesen: Zum einen auf die Zerstörung des alten *Heine-Denkmals* (1913 fertiggestellt, 1926 aufgestellt, Bildhauer Hugo Lederer) im Hamburger Stadtpark, 1933 durch die Nationalsozialisten entfernt, später eingeschmolzen. Zum anderen auf die Bücherverbrennung von 1933 am Kaiser-Friedrich-Ufer am Isebek-Kanal, bei der auch viele Werke Heines vernichtet wurden. Der streitbare jüdische Maler und Publizist **Arie Goral-Sternheim** (1909–1996) engagierte sich für dieses neue *Heine-Denkmal* an einem der aufmerksamkeitsstärksten Orte Hamburgs. Übrigens: In der NS-Zeit zwischen 1933 und 1945 hieß der Rathausmarkt *Adolf-Hitler-Platz*.

Was für ein Kontrast! Heute ist der Rathausmarkt treibend für den Mythos Hamburg. Das Soziale ist auf dem Platz nicht zu sehen, aber unten durch den U-/S-Bahn-Eingang Rathaus stehen wir in der Rathauspassage Hamburg. Seit 1998 bieten hier Mitmenschlichkeit und Empathie ein effektives Konzept (*Diakonisches Werk Hamburg*) für Langzeitarbeitslose, sozial Benachteiligte und Obdachlose. In der 2022 umgebauten Passage gibt es jetzt Poetry Slam, Theater, Lesungen, Diskussionen und Franzbrötchen! Wer stand dahinter? Dr. Stephan Reimers war unter anderem ehemaliger *EKD*-Bevollmächtigter, Landespastor, Leiter des *Diakonischen Werkes* und Gründungsvater der Projekte *Hinz & Kunzt* (1993, Obdachlosenzeitung) und *Mitternachtsbus* (1996, versorgt Obdachlose an den Schlafplätzen).

Der Baumeister als umfassende Kraft

Die Dombaumeister, Hofbaumeister, Regierungs- oder Stadtbaumeister waren immer für ein Objekt umfassend zuständig: Von der Planung bis zur Ausführung. Ob freiberuflich tätig, selbständig gewerblich, angestellt oder beamtet. Meist gingen sie aus den Steinmetzhandwerken hervor. Im Steinmetzhandwerk wurde die geistige Arbeit in den Logen gelebt. Der Baumeister als Begriff des Glaubens für das große Ganze aber blieb: die große Kraft, die Schöpfung als Prinzip, auch die Interpretation eines persönlichen Gottes ... jeder Freimaurer kann Gott so individuell interpretieren: Dreifach großer Baumeister der ganzen Welt.

Heute ist mit dem handwerklichen Begriff Baumeister eine höher leitende Person in der Bauplanung, der Ausführung und Überwachung gemeint: Architekt. Aus der Berufsbezeichnung wurde in Deutschland eine reine Funktionsbezeichnung.

ALSTERARKADEN

↗ Wir gehen quer über den Platz auf die
Schleusenbrücke.

Bevor wir in die Alsterarkaden schlendern, ein
Blick in die Poststraße 11: **Alte Post**. Vom Architekten **Alexis de Chateauneuf** (1799–1853) un-
mittelbar nach dem Großen Brand 1845–47
errichtet. Der in Hamburg geborene Sohn französischer Emigranten studierte in Paris und Karls-
ruhe. Reisen nach Italien und Griechenland inspi-
rierten ihn.

Vier Poststationen hatten hier in der heutigen
Alten Post ihre Hamburg-Zentrale *(Hamburgische
Stadtpost, Thurn- und Taxis´sche Post, Königlich
Hannoversche Post, Königlich Schwedische Post)*.
Der Eckturm war Endstation des *Optischen
Telegraphen*: einer Signalketten-Verbindung von
Cuxhaven bis nach Hamburg. Einkommende
Segelschiffe wurden so den Kaufleuten avisiert.
Chateauneuf verband italienische Stilelemente
der toskanischen Repräsentationsarchitektur mit
nordischer Spätgotik. *Benvenuti in Italia.*

◁ **Blick vom Reesendamm über Alsterfleet auf die
Alsterarkaden**

△ **Neubau der Alsterarkaden nach dem Großen Brand um 1850**

Das Wasser links ist das **Alsterfleet** und führt zur Elbe. Ein Fleet ist ein schiffbarer Kanal. Dieser Hauptabfluss der Alster ist auch die einzige schiffbare Verbindung von der Alster in die Elbe. Es führt nach circa 1.000 Metern auf der Höhe Baumwall in die Elbe. Das Alsterfleet wird durch zwei Schleusen geregelt. Der Pegel wird meist nachts reguliert. Um den Aufstieg der Fische von der Elbe in die Alster zu erleichtern, hat man eine Fischtreppe gebaut.

Der Spirit der Stadt gilt für alle Lebewesen! Das Gewässer rechts ist die **Kleine Alster** und hat Verbindung zur **Binnenalster**.

↗ Nach der Schleusenbrücke gehen wir gleich rechts in die Alsterarkaden.

Nach dem Großen Brand von 1842 wurde dieser attraktive Arkadengang gebaut. **Chateauneuf**

△ Vom Rathausmarkt zu den Alsterarkaden, vorher Blick in die Poststraße mit der Alten Post (2005)

△ Brand der Alsterarkaden, Silvester 1989

gab der Häuserzeile am Fleet ein mediterranes Antlitz. „È belissimo!" Die Anmutung des Markusplatzes in Venedig setzt sich hier an den Alsterarkaden fort. Ursprünglich ockergelb, jetzt weiß. Italien in Hamburg – und alles mit dem rechten Winkel im Blick!

Im ersten Stock über den Arkaden dinierte man vor dem Ersten Weltkrieg in der ältesten deutschen Spezialgaststätte, „grün" noch dazu:

Vegetarisches Restaurant. Wiener Schnitzel mit brauner Butter für 40 Pfennig: aus Brot und Haferflocken! Am 31.12.1989 brannten das Haus Alsterarkaden 11 und die Rückseite Neuer Wall 11. Auch die *Vegetarische Gaststätte* war zentral betroffen. Bis 1992 wurden die Häuser originalgetreu wieder aufgebaut.

Wir gehen links durch die kleinste und älteste Passage der Stadt hindurch, sie verbindet die **Als-**

△ Durch die Arkaden und wir stehen vor...

△ ...Glasmalereien der Jahrhundertwende

△ Mellin-Passage

terarkaden mit dem Neuen Wall: die **Mellin-Passage**. Beachten Sie die Deckengemälde und Glasmalereien der Jahrhundertwende, wiederhergestellt nach dem Brand 1989. In dieser Nacht verloren auch Ladage & Oelke ihre Geschäftsräume (heute neu an der Adresse Alter Wall Hamburg). In der Mellin-Passage finden Sie Hamburgs Traditionsbuchhandlung, die **Bücherstube Felix Jud**. Karl Lagerfeld sagte über diesen Ort: „Die Mellin-Passage ist ein intellektuelles Delikatessenge-

schäft". Früher war der Biskuit-Bäcker Mellin hier ansässig ... finden Sie noch den Schriftzug im Deckenbereich?

Gehen wir durch die Passage, stehen wir auf dem **Neuen Wall**, der teuersten Einkaufsstraße Hamburgs. Hier können wir beim Blick in die Edelläden unseren Sozialneid nähren. Aber besser ist es, wir suchen den Spirit von Hamburg auf dem Jungfernstieg.

JUNGFERNSTIEG MIT NEUER JUNGFERNSTIEG UND COLONNADEN

Mit einem Damm wurde um 1235 das Flüsschen **Alster** gestaut. Es entstand mit der Außenalster ein eindrucksvoller See, der bis nach Harvestehude reichte. Rechts auf dem alten **Reesendamm** errichtete man eine Getreidemühle. Sie wurde vom Alsterwasser angetrieben. Am Reesendamm stand das erste **Dammtor**. Bedingt durch die laufenden Erweiterungen der Befestigungsanlagen errichtete man weitere Stadttore mit dem Namen Dammtor: bis hin zum Platz des heutigen Bahnhofs Dammtor/Universität.

1665 wurden auf dem Jungfernstieg Bäume gepflanzt und ein Spazierweg angelegt. Diese Promenade erhielt wegen der unverheirateten Töchter, die hier spazieren geführt wurden, den Namen **Jungfernstieg.**

Viele Häuser wurden durch den Großen Brand teilweise zerstört. Nach diesem Ereignis prägten luxuriöse Hotels und Gastronomiebetriebe das Gesicht des Jungfernstiegs bis zum Gänsemarkt: *Hotel St. Petersburg*, Ecke Alsterarkaden/Jungfernstieg, *Hotel zum Kronprinzen*, *Victoria Hotel*, in Richtung Gänsemarkt das *Hotel de Russie* neben dem *Streit's Hotel*. Es waren gastliche Zentren, die Speisekarten waren in französischer

◁ Äußere Schönheit: Werbefreie Fassaden schmücken die Binnenalster

△ Eingang Jungfernstieg mit Blick auf den Reesendamm

Sprache gehalten und die Rechnungsvordrucke hatten eine Zeile für das Trinkgeld der Diener!

Auch Jahrzehnte später wurde der Jungfernstieg immer wieder verändert. Fahrzeuge sind nur noch mit Ausnahmegenehmigung zugelassen.

Alsterpavillon

Die *Systemgastronomie Alex* hat den traditionellen **Alsterpavillon** übernommen. Er wurde von einem französischen Emigranten, dem Adeligen Augustin Lancelot des Qüatre Barbes 1799 als erstem Pächter eröffnet. Und das freut uns besonders: Der Alsterpavillon war die erste Eisdiele Deutschlands! War dies auch das erste Kaffeehaus, wie mancher behauptet? Nein! Der erste Kaffee wurde

am Markusplatz in Venedig (später *Café Florian*) serviert. In Bremen eröffnete 1673 das erste deutsche Kaffeehaus, Hamburg folgte 1677. Milch, Zucker, Sahne und dazu ein Glas Wasser gab es auch zur Eröffnung dieses Kaffeehauses.

Fakten

- 1799 erster Alsterpavillon
- 1835 entstand unter Wimmel das zweite Gebäude in klassizistischem Stil
- 1874–76 Umbau durch Martin Haller
- 1900 Neubau (Spitzname *Kachelofen*) nach Plänen von Wilhelm Hauers
- 1914 dann das fünfte Gebäude, Architekten Rambatz und Jolasse. Swing-Konzerte trotzten 1941 den Nazis: Der anglo-amerikanische Swing-Sound machte aus dem holländischen

△ Von der Kleinen Alster zum Jungfernstieg (Entwurf: WES Landschaftsarchitektur)

Attraktionsorchesters *Mynheer Kristel* den *King of Swing vom Jungfernstieg*. Die Swing-Jugendlichen grenzten sich von der Hitlerjugend ab und wurden als gefährlich eingestuft sowie verfolgt

- 1942 zerstörten Bombenangriffe das Haus
- 1952–53 setzte der Architekt Ferdinand Streb ein halbkreisförmiges Gebäude auf das weitgehend erhaltene Sockelgeschoss
- 1992–94 Umbau

Der heutige Bau ist nach mehreren Neugestaltungen immer wieder das bestimmende Element des Alsterufers. Mit ihm wurde ein Symbol des Wiederaufbaus nach dem Zweiten Weltkrieg geschaffen. Der umgestaltete Jungfernstieg ist gelungen. Hier trifft Aufenthaltsqualität auf den Spirit der Stadt. Wohl auch deshalb wurde dieser Boulevard mit dem *Hamburger Architekturpreis des Bundes Deutscher Architekten (BDA)* ausgezeichnet.

Lombardsbrücke

Wir blicken auf die **Lombardsbrücke**. Sie markiert den alten Verlauf der Stadtbefestigung. Lombard war das **Pfandleihhaus**, das 1651 dort seinen Sitz hatte. 1827–28 erfolgte der Neubau nach Entwürfen des Freimaurers **Wimmel**. Die Lombardsbrücke ist 69 Meter lang und hat drei Bögen. 1902 war eine Verbreiterung auf 48 Meter erforderlich. Direkt dahinter verläuft die **Kennedybrücke** (1953 als Neue Lombardsbrücke erbaut). Zwischen beiden Brücken befindet sich ein Tiefbunker für den Zivilschutz.

△ Matthias Claudius, 1740–1815, Dichter, Lyriker, Journalist, Loge *Zu den drei Rosen*

Hamburg verzeichnet mit 2.500 deutlich mehr Brücken als Venedig mit 400. Sogar Wien und Amsterdam haben mehr Brücken als die Lagunenstadt zu verzeichnen, aber Hamburg ist in Sachen Brückenanzahl absoluter Spitzenreiter! Dank an die vielen Alsterkanäle! (alstertouristik.de)

Kontorhäuser

Die Häuserzeile des Jungfernstiegs ist ein Opfer des Brandes von 1842, danach wurde sie neu errichtet. Es entstand eine harmonische Gesamtsilhouette: Neidlingerhaus (früher *Hotel St. Petersburg*, Ecke Alsterarkaden), Gutruf-Haus, von Freimaurer **Franz A. Bach** erstellt, und auch das beeindruckende **Alsterhaus**, Jungfernstieg 16–20. Als *Warenhaus Tietz* entstand es 1911–12 ganz im Sinne der Hamburger Citykonzeption. 1933 wurde die

jüdische Familie Tietz, die in ganz Deutschland luxuriöse Einkaufserlebnisse in palastartigem Umfeld versprach, von den Nationalsozialisten enteignet. Der „arische" Angestellte Georg Karg (1888–1972) übernahm die Firma. Die Familie Tietz wurde nach dem Krieg notdürftig entschädigt. Mit dem Namen *Hertie* wollte man aber die Erinnerung an Hermann Tietz aufrechterhalten. Karg blieb *Hertie*-Chef, er galt in der Nachkriegszeit als Warenhaus-König Deutschlands. Sein Sohn gründete eine Stiftung. Von 1994 bis 2014 war das Haus eine *Karstadt*-Filiale. Seit 2014 bildet es zusammen mit dem *Oberpollinger* in München und dem *KaDeWe* in Berlin *The KaDeWe Group GmbH*.

Matthias Claudius

An der Stelle des heutigen Alsterhauses verbrachte **Matthias Claudius**, Dichter, Lyriker, Journalist und äußerst überzeugter Freimaurer, die letzten Tage seines Lebens, gepflegt von seiner Tochter Caroline. Daran erinnert die Gedenktafel, die vom **Alsterhaus** anlässlich des 175-jährigen Todestages des Dichters gestiftet wurde.

An diesem Ort stand vor dem großen Brand von 1842 das Haus des Buchhändlers Perthes, des Schwiegersohnes von Matthias Claudius. In diesem Hause verbrachte der Wandsbeker Bothe seine letzten Lebenswochen und hier verstarb er am 21. Januar 1815. In Erinnerung an den Dichter wurde diese Tafel zur 175. Wiederkehr dieses Tages gestiftet vom Alsterhaus. 21. Januar 1990.

▷ **Alsterhaus Hamburg**

An diesem Ort stand vor dem
großen Brand von 1842 das Haus
des Buchhändlers Perthes, des
Schwiegersohnes von
Matthias Claudius.
In diesem Hause verbrachte der
Wandsbecker Bothe seine letzten
Lebenswochen und hier verstarb
er am 21. Januar 1815.
In Erinnerung an den Dichter
wurde diese Tafel zur 175.
Wiederkehr dieses Tages
gestiftet vom Alsterhaus.
21. Januar 1990

△ Matthias Claudius-Gedenktafel am Alsterhaus

Seiner Bedeutung wollen wir gerecht werden und ein wenig bei ihm verbleiben. Matthias Claudius wuchs in fröhlicher Umgebung auf, mit Gottvertrauen – sein Vater war Pastor. Über die Lateinschule in Plön und die Universität Jena und eine Stellung als Sekretär kam er nach Kopenhagen. Hier lernte er den späteren Freimaurer **Friedrich Gottlieb Klopstock** kennen, der ihn besonders für seine weitere literarische Karriere prägte. Von 1768 bis 1770 nahm Claudius als Redakteur eine Stelle bei den Hamburgischen-Adress-Comtoir-Nachrichten an. So kam er auch in Kontakt mit den Aufklärern **Johann Gottfried Herder** und **Gotthold Ephraim Lessing**. Um Redakteur in der Zeitung **Der Wandsbeker Bothe** zu werden, zog er in das kleine Dorf Wandsbek bei Hamburg. Das Blatt bestand aus vier Druckseiten, drei waren dem politischen Geschehen in Europa gewidmet, eine enthielt „gelehrte Sachen". Gemeinsam mit dem aktiven Freimaurer und Druckereibesitzer **Johann Joachim Christoph Bode** verlegte er das Blatt viermal in der Woche. Das hatte zur Folge, dass sich Claudius fast täglich auf den siebeneinhalb Kilometer langen Weg von Wandsbek nach Hamburg machte. Nach der Arbeit ging er die gleiche Strecke zurück. Zusammen waren das 15 Kilometer Fußweg!

1774 wurde er in den Bruderbund der Freimaurer aufgenommen, seine Loge war *Zu den drei Rosen*. Vom Logenmeister **Jacob Mumsen** wurden ihm gleich alle drei Grade erteilt. Ein Unding! Die Arbeiten der christlich ausgerichteten Logen fanden von Himmelfahrt 1776 auf den Großen Bleichen hinter dem Hause des Bruders **Johann Diederich Dietenhoff** im neu erbauten Logensaal statt. Um sicherzustellen, dass die Brüder, die außerhalb Hamburgs wohnten, die Stadt nach der Zusammenkunft noch rechtzeitig vor Toresschluss verlassen konnten, begannen die Logenarbeiten zu unterschiedlichen Uhrzeiten.

So hatte Claudius Zeit und Muße und konnte *Der Mond ist aufgegangen* dichten. Warum ist das so? Mit dem Text beschreibt Claudius sein freimaurerisches Gedankengut und auch den Weg, den er nach getaner Arbeit im Logensaal in den Hohen Bleichen bis zu seinem Zuhause in Wandsbek leidenschaftlich erlebte. Der Text entstand wohl am 6. Oktober 1778, es war Vollmond. Über die Lange Reihe erreichte Matthias Claudius mit seinem Logenbruder **Johann Heinrich Voß** das Lübecker Tor gegen 18:50 Uhr, also kurz vor Toresschluss. Nun folgten einige Kilometer durch Feld, Wald und Wiesen. Alles unbeleuchtet. Nur der helle Mond schien:

> *Der Mond ist aufgegangen*
> *Die goldnen Sternlein prangen*
> *Am Himmel hell und klar.*

Wir wissen es, weitere Verse folgten. Um 20:00 Uhr war er zurück bei seiner Frau Rebecca. Und uns bleibt mit dem Abendlied eines der bekanntesten Werke der deutschen Literatur und ein erfüllendes Gedicht.

△ Friedrich Christoph Perthes, 1772–1843, Loge unbekannt

Buchhandlung Perthes

Der weit über Hamburgs Grenzen hinaus bekannte Buchhändler **Friedrich Christoph Perthes** war vermutlich ebenfalls Mitglied einer Freimaurerloge, dies ist aber nicht verbindlich nachgewiesen. In sein Haus am Jungfernstieg lud er gemeinsam mit seinem Schwiegervater regelmäßig bekannte Persönlichkeiten ein, die ebenfalls Freimaurer waren. Hierzu gehörten unter vielen anderen: **Friedrich Gottlieb Klopstock**, die Brüder **Christian** und **Friedrich Leopold Graf zu Stolberg-Stolberg** und **Friedrich Heinrich Jacobi**.

Perthes war angestellt beim Freimaurer **Benjamin Gottlob Hoffmann** (1748–1818), Buchhändler. Hoffmann war Mitglied und Logen-

△ Friedrich Gottlieb Klopstock, 1724–1803, deutscher Dichter, Loge unbekannt

△ Johann Heinrich Voß, 1751–1826, Dichter und Übersetzer berühmter Klassiker, enger Freund von Matthias Claudius, Loge *Zu den drei Rosen*

meister *Zu den drei Rosen*. Die Buchhandlung ging 1810 an seinen Schwiegersohn **August Campe** (1774–1836), Freimaurer bei *Ferdinand zum Felsen*. 1812 erfolgte der Zusammenschluss zur Buchhandlung **Hoffmann und Campe**. 1823 übernahm der Freimaurer **Julius Campe** die Buchhandlung mit Verlag. Sein Sohn **Julius Heinrich Wilhelm Campe** (1846–1909) erbte das Unternehmen und begründete testamentarisch die **Campe'sche Historische Kunststiftung**, die die Hamburger Kunsthalle und das Museum für Kunst und Gewerbe mit Ankäufen unterstützt, finanziert durch Mieterträge vom **Heine Haus** (wir kommen dort gleich vorbei) und des Gebäudes der eben passierten **Mellin-Passage**.

Neben vielen Luxusgütern in einer großzügigen Präsentation lohnt ein Besuch des Alsterhauses auch wegen des reichhaltigen Gastronomieangebotes.

↗ Wir gehen in Richtung Gänsemarkt.

Martin Haller, der Rathausbaumeister und Bankenspezialist unter den Architekten, baute 1899 gemeinsam mit dem Freimaurerkollegen **Hermann Geissler** das Gebäude Jungfernstieg 22, früher *Dresdner Bank*, heute Flagship-Filiale der

▷ Kassensaal im Haller-Haus

Commerzbank. Mit diesem *Haller Haus* ist das Gesamtensemble **Alster-Foyer** 2021 nach kompletter Revitalisierung der *Commerzbank* übergeben worden. Dieses Haus mit der historischen Bankfiliale ist Teil davon. Gleichzeitig erhielt das Nachbargebäude Jungfernstieg 24 eine neue feingliedrige Fassade. Im *Haus am Stieg* (Große Bleichen 1) treffen wir wieder auf Italien: Die venezianisch anmutenden Rundbögen stammen noch aus der Zeit vor dem Großen Brand, und besonders die Glasdecke und die farblich originale Fassung sind eine Erinnerung an den Architekten Martin Haller.

Übrigens: Der freimaurersche Tempel entspricht der Struktur der nach oben offenen Bauhütte. Haben sich Haller und Geissler dieses offene Licht auch im großen Kassensaal zum Vorbild genommen? Auf eine weitere Parallele zu dieser Architektur treffen wir später in der Laeisz-Halle / Musikhalle.

△ Hermann Geissler, 1859–1939, Architekt, Loge *Zur Bruderkette*

Beachten Sie die mächtige Neorenaissance-Fassade und innen den zweigeschossigen Arkadenhof, die Schalterhalle.

Das Hotel **Hamburger Hof**, Jungfernstieg 26, (seit 1979 Passage Hamburger Hof) wurde vom Architekturbüro Hanssen & Meerwein gebaut. Auch das Gebäude der Hamburger Hafen und Lagerhaus AG (HHLA, St. Annen 1) und die Laeisz-Halle (Musikhalle) gehen mit auf Meerwein zurück. Dieser Teil des Jungfernstiegs wird von der beeindruckenden Fassade der heutigen Hamburger Hof Passage bestimmt.

Deutsche Nationalhymne

Vorbei am **Heine Haus** (eleganter Jugendstilcharakter, errichtet von **Franz Joachim Forsmann**), Jungfernstieg 34, stehen wir vor dem Eingang des **Streit's Hauses**, Jungfernstieg 38. Als Hotel wurde es 1837 von **Christian Streit** gebaut. 1842 schlug der Große Brand auch hier seine Schneise: Zur Eindämmung der Flammen sprengte man das Haus. Danach wurde es 1856 schöner und grösser aufgebaut. 100 Jahre später wurde es Film-Erstaufführungskino (1956–2013) mit attraktiver 60er-Jahre Bar. Heute befinden sich Einzelhandel und Büros im Haus.

Im Eingang sehen wir links eine Bronzetafel, mit der auf ein für alle Deutschen besonderes Ereignis hingewiesen wird:

Dem Dichter Hoffmann von Fallersleben
wurde anlässlich seiner Anwesenheit in
Streit's Hotel im Jahre 1841 eine Huldigung

△ Julius Campe, 1792–1867, Buchhändler und Verleger, *Loge unbekannt*

dargebracht, bei der das Lied Deutschland,
Deutschland über alles durch die Hamburger
Turnerschaft und die Hamburger Liedertafel
von 1823 zum ersten Mal öffentlich gesun-
gen wurde.

Was war passiert? Im August 1841 verbrachte **Hoffmann von Fallersleben** (1798–1878) einige Wochen der Entspannung auf der damals zu England gehörenden Nordseeinsel Helgoland. In seinen Erinnerungen ist zu lesen: „Am 29. August spaziere ich mit Campe am Strande. Ich habe ein Lied gemacht, das kostet aber 4 Louisd'or. Wir gehen in das Erholungszimmer. Ich lese ihm: Deutschland, Deutschland über Alles und noch ehe ich damit zu Ende bin, legt er mir die vier Louid'or auf meine Brieftasche. Wir beratschlagen, in welcher Art das Lied am besten zu

◁ Haller Haus

△ Streit's Hotel am Jungfernstieg 1850

△ Joseph Haydn, 1732–1809, österreichischer Komponist der Wiener Klassik, Loge *Zur wahren Eintracht*, Wien

veröffentlichen sei. Am 4. September bringt mir Campe das Lied der Deutschen mit der Haydn'schen Melodie in Noten."

Den Text hatte der Dichter am 26. August 1841 auf Helgoland geschrieben. Er drückte darin seinen Wunsch nach nationaler Einheit aus. Es sind die Noten zum Kaiserlied, das der Freimaurer **Joseph Haydn** bereits 1797 komponiert hatte, mit denen **Julius Campe** dem Hoffmann'schen Gedicht seine uns vertraute Melodie gab. Einen Monat später kam Hoffmann von Fallersleben von seinem Inselaufenthalt zurück und logierte im *Streit's Hotel*. Mit ihm hielt sich hier auch der liberale badische Politiker und Freimaurer **Carl Theodor Welcker** auf. Zu seinen Ehren und in Anwesenheit des Dichters wurde am 5. Oktober 1841 abends um 22:30 Uhr direkt vor diesem Haus, initiiert durch **Julius Campe** und organisiert von vielen seiner Freimaurer-Brüder, das *Lied der Deutschen* erstmalig in der Öffentlichkeit gesungen.

Die deutsche **Nationalhymne** besteht seit 1991 aus der dritten Strophe des Liedes der Deutschen von August Heinrich Hoffmann von Fallersleben. Es ist verpönt (nicht verboten), die erste und zweite Strophe zu singen, da diese durch die Legendenbildung im Ersten Weltkrieg und durch die Verbindung der ersten Strophe mit dem *Horst-Wessel-Lied* im Nationalsozialismus politisch belastet sind.

Musik

Freimaurerische Musik zählt zum Brauchtum. Früher waren es im wesentlichen Tafellieder, die nach dem Logenbrauch bei der Arbeit in der Wirtsstube gesungen wurden. Häufig waren es Volkslieder, denen man freimaurerische Texte unterlegte. Aber auch Hymnen auf die Idea e und für die Meditation und Klarheit der Gedanken wurden von Musikern, die auch Freimaurer waren, komponiert. Freimaurer Mozart komponierte für seine Loge Einzelgesänge und Kantaten. In einer Erkenntnisstufe ist die Musik heute Bestandteil des Rituals. In den Tafellogen (ritualisiertes Essen) ebenfalls. Musik spielt in der Freimaurerei eine besondere Rolle, auch deshalb sind viele Musiker Mitglied einer Loge geworden: Duke Ellington, Louis Armstrong, Joseph Haydn, Wolfgang Amadeus Mozart, Scott Joplin, Gustav Albert Lortzing, Jean Sibelius ... Billy Mo.

△ **August Heinrich Hoffmann von Fallersleben, eigentlich Professor August Heinrich Hoffmann, 1798–1874, Hochschullehrer für Germanistik und Dichter**

Ludwig Christian Streit, Sohn des Hoteliers Christian Streit, war als Freimaurer Mitglied der Loge *Zur Goldenen Kugel*.

Im Streit's Haus wurden ab 1884 Hummer, Austern und Kaviar von August Wilhelm Daniel Schümann serviert: *Schümanns Austernkeller*. Madame Streit hatte ihm den Keller des Hotels vermietet und nach seinem großen Erfolg 1903 wieder gekündigt. Er zog einfach ein Haus weiter in den Neubau des **Heine Hauses**, jetzt mit großen Räumen und Separees, mit Lagerräumen und Weinkeller. 1938 dann „besitzentfremdet", ab 1950 Neueröffnung ... mit Übernahme der Schulden. Die *Campe'sche Historische Kunststiftung* ist

Eigner des Hauses und wollte Ende der 1990er Jahre notwendige Sanierungsarbeiten durchführen lassen. Darüber zerstritt man sich mit Tochter Jutta Schümann. Das traurige Ergebnis war die Schließung dieser gastronomischen Hamburgensie im Jahr 2000.

Gourmets in Hamburg kennen *Cölln's Austernstuben*. Hier hatte Schümann bei Johann Cölln (1810–1873) gelernt, Mitglied der Loge *Zur Brudertreue an der Elbe*.

◁ Ludwig Christian Streit, 1824–1869, Loge *Zur goldenen Kugel*

△ Streit's Haus

Exkurs 2 ‖ Neuer Jungfernstieg und Colonnaden

↗ Wir gehen auf den Neuen Jungfernstieg und treffen auf das Fairmont Hotel Vier Jahreszeiten und das Amsinck-Palais.

Direkt am Wasser befindet sich der **Neue Jungfernstieg** mit dem der Tradition der europäischen Grandhotels verpflichteten **Fairmont Hotel Vier Jahreszeiten** (1897 eröffnet). Friedrich Herlin (1857–1941) hatte ein kleines Hotel gekauft, erweiterte es 1904 und entwickelte daraus dieses Luxushotel. Nach Kriegsende beschlagnahmte die britische Besatzungsmacht das Hotel, das dann

1952 von Friedrichs Sohn Fritz Haerlin wiedereröffnet werden konnte. Liz Taylor, Curd Jürgens, Placido Domingo, Wieland Wagner ... alle übernachteten hier, der Glamour hält bis heute.

Im Fairmont Hotel Vier Jahreszeiten lohnt eine kleine Pause: In der renovierten stimmungsvollen Lobby lockt der Tee oder im *Café Condi* ein Kakao. Falls es schon etwas später ist, ist auch der Abendaperitif in der kleinen Bar im ersten Stock des Hotels mit Blick auf die Binnenalster zu genießen. Die Sommerterrasse direkt am Wasser ist besonders zu empfehlen.

△ Fairmont Hotel Vier Jahreszeiten

△ Sommerterrasse Fairmont Hotel Vier Jahreszeiten

Amsinck-Palais

Wenige Meter weiter auf dem Neuen Jungfern-
stieg sind wir wieder auf der Suche nach dem
Hamburg-Spirit. Der **Übersee-Club e.V.** am
Neuen Jungfernstieg 19 hat seinen Sitz im

Amsinck-Palais, erbaut 1833 für den Bankier
Gottlieb Jenisch als repräsentatives Wohn- und
Geschäftshaus. Baumeister dieses letzten erhal-
tenen Patrizierhauses in der Hamburger Innen-

△ Gustav Amsinck, 1837–1909, Kaufmann und Mäzen, Freund der Künste und Wissenschaften, förderte das New Yorker Museum of Modern Art und gehörte 1907 zu den Mitbegründern der *Hamburgischen Wissenschaftlichen Stiftung*

△ Martin Johann Jenisch, 1760–1827, Kaufmann und Senator in Hamburg

◁ Amsinck-Palais

Mit Patriotismus Demokratie leben

Als Patriotismus (franz. Vaterlandsliebe) sehen wir heute die besondere Wertschätzung von Tradition, kulturellen und historischen Werten und Leistungen – zum Beispiel im Stadtstaat Hamburg: Liebe und Stolz zur Stadt. Die Definition Patriotismus geht von einem Dienen im demokratischen Staat aus. Im 18. Jahrhundert sagte Michael Richey, Mitglied der Patriotischen Gesellschaft, dass der „Patriot ein Mensch sei, dem es um das Beste seines Vaterlandes ein rechter Ernst ist, einer, der dem gemeinen Wesen redlich zu dienen beflissen ist". Er bezeichnete den Patrioten als Stadtfreund. Aber was unterscheidet den Patriotismus vom Nationalismus? Sehr viel, stellte schon der ehemalige Bundespräsident Johannes Rau 1989 klar: „Ein Patriot ist jemand, der sein Vaterland liebt. Ein Nationalist ist jemand, der die Vaterländer der anderen verachtet".

Für den Politiker Dr. Robert Habeck (BÜNDNIS 90/DIE GRÜNEN) muss Patriotismus heute als ein Bekenntnis zur Demokratie verstanden und gelebt werden. In seinem Buch *Patriotismus: Ein linkes Plädoyer* fordert er engagiert und visionär den linken Patriotismus und fordert damit Vertrauen in die Demokratie und eben auch eine Erneuerung dieser Demokratie. Am 10. April 2015 war Habeck der Festredner zum 250. Jubiläum der Patriotischen Gesellschaft von 1765 im Hamburger Rathaus. Sein Thema: „Patriotismus – im Spannungsfeld der Extreme".

---

stadt war **Franz Gustav Forsmann**. 1899–1925 war es im Besitz des Kaufmanns Gustav Amsinck. Er ließ um 1900 das Innere von **Martin Haller** neugestalten. Für den *Übersee-Club* wurde das Haus 1969 restauriert. Er war aus dem Haus der Patriotischen Gesellschaft hierher umgezogen.

Der *Übersee-Club* wurde 1922 gegründet, um die Stellung Hamburgs in der Welt zu fördern, heute ist er ein zentraler Ort der Begegnung von Wirtschaft, Kultur, Politik und Wissenschaft. Von den Nationalsozialisten 1933–34 aufgelöst, wurde er bereits 1948 wieder eröffnet. Neben dem **Anglo-German Club** zählt der *Übersee-Club* heute zu den exklusivsten Gesellschaften der Stadt.

Leider ist der Begriff durch rechte Vereinnahmungen ins Gerede gekommen. Aber wer zwischen Patriotismus und Nationalismus unterscheiden kann, der fragt sich zu Recht, was uns zusammenhält, was Dienen im Staat heißt und dass unsere Freiheit auch wesentlich vom Engagement der Bürger abhängt. Freiheit verpflichtet. Bleiben wir in Bewegung, nehmen die Transformation dieser Jahre auf, und erinnern uns an John F. Kennedys Worte: „Fragt nicht, was das Land für Euch tun kann, fragt, was ihr für Euer Land tun könnt."

Colonnaden

Mit dem Prien-Haus Jungfernstieg/Ecke Colonnaden und dem Haus Jungfernstieg 50 zeugen Etagenhäuser von der Faszination der Gründerzeit. Zwischen beiden Häusern läuft die Straße Colonnaden mit vielen herrschaftlichen Etagenwohn-häusern im Stil der Neorenaissance.

Hier findet sich seit 1869 das **Sanitätshaus Schattschneider**. Der Chirurgie-Mechaniker Hans Schattschneider wurde 1921 in die Freimaurerloge *Zum Rothen Adler* aufgenommen.

Die Colonnaden (der Name ist irreführend, denn der südliche Bereich dieser Straße wird von Arkaden begleitet) bilden die direkte Verbindung zwischen Jungfernstieg und Dammtor. Ursprünglich war diese Straße als Privatstraße angelegt.

↗ Weiter geht es in Richtung Gänsemarkt.

△ Vorfreude auf *bürgerliche Freiheiten*: Einweihung des Lessing-Denkmals, Gänsemarkt, 1881

GÄNSEMARKT

↗ Wir gehen direkt zum Lessing-Denkmal.

Beeindruckend ist die Klinkerfassade der **Finanz-behörde**, Gänsemarkt 36. **Fritz Schumacher**, Hamburgs großer Baumeister, hat diesen mächtigen Stahlbeton-Skelettbau 1918–26 geschaffen.

Schumacher war kein Freimaurer – aber ein großer bedeutender Baumeister und Stadtplaner des 20. Jahrhunderts. Ab 1909 Leiter des Hochbauamtes, später Oberbaudirektor. 1933 wurde er von den Nationalsozialisten entlassen. Seine Vorliebe galt dem roten Backstein, darin spiegelte sich für ihn der „Charakter und das Klima Hamburgs" wider. Und der Spirit von Hamburg hatte damit eine Farbe: Rot!

Beachten Sie das Haus Gänsemarkt 35: Das *Lessing-Haus*. Von **Albert Lindhorst** und **Emil Schaudt** 1908–09 erbaut. Der **Gänsemarkt** war als Platz früher nie repräsentativ, nicht einmal Marktplatz war er. Es gibt mehrere Vermutungen: Der ähnliche Name eines Vorbesitzers. Oder: Die Gänse der Anwohner wurden von hier in Richtung Dammtor getrieben, um sie auf der Moorweide weiden zu lassen. Gemeinsinn auf Gänseart.

Großes steht bevor. Ab 2025 wird die einst so gepriesene Gänsemarkt-Passage schon wieder Geschichte sein: Drei Baukomplexe und neue

◁ **Gänsemarkt in Hamburg mit Lessing-Denkmal**

△ Gotthold Ephraim Lessing, 1729–1781, wichtigster Dichter der deutschen Aufklärung, Loge *Zu den drei Rosen*

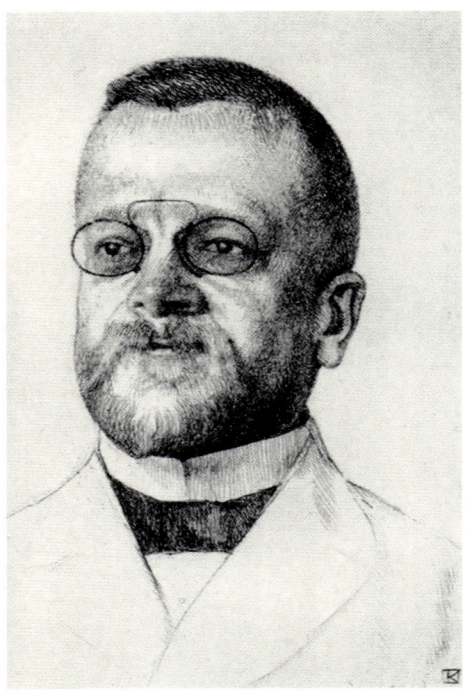

△ Fritz Schumacher, 1869–1947, Architekt, Stadtplaner, Baubeamter, Hochschullehrer

Lessing zur Zeitlosigkeit

Die Freimaurerei war immer.

Lessing zum Wesen

Die Freimaurerei ist nichts Willkürliches, nichts Entbehrliches, sondern etwas Notwendiges, das im Wesen der Menschen und der bürgerlichen Gesellschaft gegründet ist.

Innenhöfe schaffen eine neue Verbindung vom Gänsemarkt zu den Colonnaden. Nun ist zu hoffen, dass der Name der neuen Passage Verpflichtung für den Geist ist: **Lessinghöfe**.

Die großen Tanz- und Schauorchester traf man übrigens an der Ecke Büschstraße im *Café Victoria*. Ist der Gänsemarkt alltäglich, oder doch nicht ganz? Denn **Friedrich (Frederik) VIII. König von Dänemark**, Freimaurer in Kopenhagen, kam 1912 von Nizza. Er machte in Hamburg inkognito mit seiner Frau und vier Kindern Station. Am Abend des 14. Mai wurde er auf dem Gänsemarkt von

△ Friedrich VIII. (Christian Friedrich Wilhelm Karl von Schleswig-Holstein-Sonderburg-Glücksburg), 1843–1912, König von Dänemark, Loge *Zerobabel und Friedrich zur gekrönten Hoffnung*, Kopenhagen

△ Johann Joachim Christoph Bode, 1730–1793, Musiklehrer, Journalist, Verleger, Übersetzer, Loge *Absalom zu den drei Nesseln*

den Portiers des *Victoria-Cafés* gefunden, nach zwei Schlaganfällen, die Ärzte konnten nur noch seinen Tod feststellen. Die Ursache blieb im Dunkeln. Dem Vernehmen nach war er zuvor in der **Schwiegerstraße**, kleiner Weg zum früheren Kalkhof. Einige Meter links von der Büschstraße befanden sich zu damaliger Zeit Hamburgs edelste und teuerste Bordelle, heute die *Opera Stabile*.

Highlight der Moderne vom Gänsemarkt ist das neue **Deutschlandhaus**, ein Projekt der ABG Real Estate Group. Dieses 2020–23 erbaute neue Gebäude ist dem historischen Deutschlandhaus (1929 für die Ufa mit dem größten Kino Europas erbaut und 2019 abgerissen) nachempfunden. Architekt dieses Highlights ist **Hadi Teherani** (*Hadi Teherani Architects GmbH*), Der Neubau bietet auf circa 41.500 Quadratmetern Raum für Büros mit ergänzenden Nutzungen (Gastronomie, Einzelhandel und Wohnen). Im Inneren des Deutschlandhauses eröffnet sich ein als zentrales, verbindendes Element eine fast 35 Meter hohe und von einer Lichtkuppel gekrönte Palmenhalle.

△ Neues *Deutschlandhaus*, 2023, von Hadi Teherani (Visualisierung: Panoptikon / Architekt: Hadi Teherani Architects GmbH / Projektentwickler: ABG Real Estate Group), hier standen zwei freimaurerische Gebäude: Valentinskamp und Drehbahn

Lessing-Denkmal

Mit **Lessing** ehren wir den großen Dichter und Freimaurer, der in Hamburg seine Spuren hinterließ. Aber wir sehen dieses Denkmal nicht nur als „vergangen und abgeschlossen", sondern folgen Kant in seinem Hinweis, dass Aufklärung eine immerwährende Aufgabe ist. Das Denkmal war umstritten, das passt zum Dichter und zum Zeitalter der Aufklärung.

1879 erschien in Hamburg ein Aufruf zur Errichtung eines Lessing-Denkmals. Laeisz, Merck, Bieber, Amsinck, Haller, Warburg, Versmann und Woermann waren die Unterzeichner, gemeinsam mit über 60 weiteren namhaften Persönlichkeiten. *Nathan der Weise* wurde im Stadt-Theater zugunsten des Denkmalfonds gezeigt.

Am 8. September 1881 wurde das vom Bildhauer **Fritz Schaper** erstellte Denkmal von Freimaurern und anderen feierlich eingeweiht. Schü-

△ Palmenhalle mit Gastronomie, einer grünen Oase und Wasserbecken auf dem Boden früherer freimaurerischer Tätigkeit (Visualisierung: Panoptikon / Architekt: Hadi Teherani Architects GmbH / Projektentwickler: ABG Real Estate Group)

ler des **Johanneums** führten die Kartenkontrolle durch, der Jungfernstieg durfte nur in eine Richtung befahren werden, Tribünen, Fahnen und Kränze begeisterten die vielen Menschen auf dem Gänsemarkt. Der Erste Bürgermeister **Kirchenpauer** weihte dieses Denkmal, das so viele Diskussionen ausgelöst hatte, ein. Allein sechs Bildhauer hatten sich um den Auftrag mit detaillierten Entwürfen bemüht! Schaper gewann. Seine Bronzeskulptur stellt **Gotthold Ephraim** Lessing sitzend und vor allem menschlich dar. Lessing blickt auf seine alte Wirkungsstätte, das **Hamburger Nationaltheater (Hamburgische Entreprise)**. Es stand dort, wo der alte Eingang der Gänsemarkt-Passage lag. 1943 stürzte Lessing während eines Luftangriffs vom Sockel, 1955 saß er wieder am alten Platz. 1985–86 wurde der Gänsemarkt städtebaulich neu strukturiert. Auch das Lessing-Denkmal erhielt einen neuen Standplatz nur einige Meter weiter.

△ Hamburger Nationaltheater

Der Sockel des **Lessing-Denkmals** ist aus poliertem rotem Granit. Bronzereliefs enthalten Hinweise auf Lessings Tätigkeit im Bereich der tragischen und komischen Muse, als Kritiker sowie auf einige seiner Werke: *Hamburgische Dramaturgie, Nathan der Weise, Laokoon* und *Gespräche für Freimaurer (Ernst und Falk)*. Außerdem sind Portraitmedaillons zweier Freunde von Lessing am Sockel angebracht: des Schauspielers und Freimaurers **Konrad Ekhof** sowie des Philoso-phen und Gelehrten und Nicht-Freimaurers **Hermann Samuel Reimarus**, einer der Gründerväter der *Patriotischen Gesellschaft*. Als Aufklärer sollte der Dichter in das Bewusstsein der Öffentlichkeit rücken, so die Überlegung des Denkmalkomitees. Deshalb dieser frequentierte Platz in der City.

▷ Der Aufklärer vom Gänsemarkt, initiiert von Freimaurern

△ Friedrich Ludwig Schröder, 1744–1816, Schauspieler, Theaterdirektor und Dramatiker, Loge *Emanuel zur Maienblume*

△ Konrad Ekhof, 1720–1778, Schauspieler, Vater der deutschen Schauspielkunst, Loge *Zu den drei Rosen*

Auch andernorts wird Lessing in der Stadt verehrt: An der Südfassade des *Museums für Kunst und Gewerbe* mit einem Medaillon, von Goethe und Schiller flankiert. In der Rathausdiele haben wir bereits sein Portraitrelief gesehen.

Die Stadt ehrt seit 1930 (Kontraste!) Autoren und Autorinnen mit dem Lessing-Preis, die sich besonders für Aufklärung, Toleranz, Humanität einsetzen. Ganz im Sinne des Freimaurers Lessing. Ausgezeichnet wurden unter anderen Friedrich Gundolf, Fritz Schumacher, Hannah Arendt, Walter Jens, Gustav W. Heinemann und Jan Philipp Reemtsma.

Lessings Leben

Lessing war der wichtigste Dichter der Aufklärung. Mit seinen Dramen und theoretischen Schriften hat er der weiteren Entwicklung des Theaters einen wesentlichen Weg gewiesen und die öffentliche Wirkung von Literatur nachhaltig beeinflusst. 1752 schloss er mit seinem Magister der *Sieben Freien Künste* in Wittenberg ab.

Einige unruhige Ortswechsel später kam Lessing 1767 auf Vermittlung des Schauspielers, späteren Theaterdirektors und Freimaurers **Friedrich Ludwig Schröder** als Dramaturg und Berater an das **Hamburger Nationaltheater (Entreprise).** Zum Einstand brachte er *Minna von Barnhelm* als Uraufführung mit. Die Rolle des Tellheim übernahm der Freimaurer **Konrad Ekhof**. Zur Eröffnung stellte Lessing hier sein Projekt *Hamburgische Dramaturgie* vor. Aus finanziellen Gründen wurde das Nationaltheater von den Hamburger Kaufleuten („Pfeffersäcke mit Kunstverständnis") 1769 wieder geschlossen.

Lessing pflegte freundschaftlichen Umgang mit **Carl Philipp Emanuel Bach** und stritt mit Pastor **Johan Melchior Goeze**, Hauptpastor von *Sankt Katharinen*.

Ritual

Eine Einheit der Rituale gibt es in der Freimaurerei nicht: Einheit durch Vielfalt. Einheitlich aber ist der Aufbau der drei symbolischen Grade: Lehrling, Geselle, Meister. Das Ziel des Rituals: Durch innere Erfahrung zur Erkenntnis über den Sinn des Lebens und des Todes zu kommen. Deutsche Logen sind an die Lehrart der jeweiligen Großloge gebunden.

Das Ritual ist einfach, natürlich, verständlich. Keine Belehrung. Rituale geben Halt, Orientierung, schaffen Vertrauen. Die wiederkehrenden Handlungen unterstützen die geistige Arbeit und Meditation. So bilden Form und Methode der Einübungsethik eine Einheit. Rituale sollten aber auch immer kritisch und distanziert wahrgenommen werden.

Die *Hamburgische Dramaturgie* verlegte Lessing zusammen mit dem Druckereibesitzer **Johann Joachim Christoph Bode** (1730–1793). Er gab auch Schriften von Goethe, Klopstock, Schröder und Claudius (*Wandsbeker Bothe*) heraus.

Nachdem das Nationaltheater am Gänsemarkt aus finanziellen Gründen geschlossen wurde, wechselte Lessing nach Wolfenbüttel bei Braunschweig, um dort 1770 Bibliothekar in der **Herzog August Bibliothek** zu werden.

Bode war bereits seit 1761 Mitglied der Loge *Absalom zu den drei Nesseln*. Dort war er auch Meister vom Stuhl. In dieser Funktion bat Lessing ihn 1771 um Aufnahme. Bode lehnte ab, seine Begründung: „Die Fortschritte des Systems Freimaurerei sind für den Feuergeist Lessing zu langsam!"

1778 ging Bode nach Weimar, dort nahm er als Meister vom Stuhl der Loge *Amalia* 1780 **Johann Wolfgang Goethe** auf. Die Freimaurerei geriet Ende des 18. Jahrhunderts ins Schlingern. Und Bode schlingerte mit. Er, der immer für Wahrheit, Aufklärung, Menschenwohl stritt, starb 1793 in Weimar. Auf seinem Grabstein steht: „Rastlos."

Lessing hielt Kontakt nach Hamburg und endlich, am 14. Oktober 1771 wurde er in die Loge *Zu den drei Rosen* zum Freimaurer aufgenommen. Die Arbeit fand in abgewandelter Form in der Wohnung des Logenmeisters **Georg Freiherr von Rosenberg** (1739–1808) statt. Hierbei wurde Lessing gleich in alle drei Johannisgrade eingeführt. Ein völlig absurder Vorgang! Sich wandeln und mit gewandeltem Geist in die nächste Erkenntnisstufe zu gehen, das war Lessing nicht vergönnt.

Die Folge: Lessing wurde nach seiner unglücklichen Aufnahme nie wieder in einer Loge gesehen. Der Grund liegt wohl auch darin, dass von ihm verlangt wurde, seine Arbeiten vorher zur Genehmigung einzureichen. Ungeheuerlich! Ob Lessing oder andere Brüder: Jeder ist völlig frei und braucht von niemandem eine Genehmigung. Damals nicht und heute erst recht nicht.

Aber auch ohne Verbindung zur Loge entwickelte Lessing Begeisterung für die Freimaurerei als Methode, als große menschenfreundliche Idee des Wandels, der Transformation des Selbst.

△ Johann Gottfried von Herder – geadelt 1802, 1744–1803, Dichter, Übersetzer, Theologe, Geschichts- und Kultur-Philosoph der Weimarer Klassik, Loge *Zum Schwert*

schenliebe!" Er ist damit den Beweis für die Gültigkeit des freimaurerischen Gedankens angetreten, dieser kann auch losgelöst vom Logenleben Gestalt bekommen. Vielleicht sind wir alle Freimaurer von Herzen?

- Lessing starb am 15. Februar 1781 in Braunschweig

Diese Zeit war auch die große Zeit des Schauspielers, Theaterdirektors und Freimaurers **Friedrich Ludwig Schröder** (1744–1816). Vielleicht war er der größte Schauspieler seiner Zeit. Er war aber auch einer der engagiertesten Freimaurer. Er wollte Klarheit und Wahrheit und befreite das immer diffuser gewordene Freimaurer-Ritual von überflüssigem Beiwerk (okkulte, kabbalistische und alchemistische Bestandteile), führte es auf die Grundwahrheiten der ersten drei Grade zurück: „Da die Wahrheit einfach ist, muss auch das Symbol einfach sein." Die **Schrödersche Lehrart** war geboren, sie beeinflusst bis heute die deutsche Maurerei. Die aufklärerische Interpretation gewann für Schröder gegen die spirituelle. Mit hanseatischer Gelassenheit schritten Schröder und Herder zur Reform. Goethe und Hufeland unterstützten dabei.

Johann Gottfried Herder (1744–1803), dieser Dichter, Übersetzer, Theologe und Philosoph der Weimarer Klassik, kam ins Schwärmen:

Glücklicher Mann, in ihrer Ruhe und bei der ernsten Tätigkeit ihres Charakters. Zirkel, Bleimaß und Waage sind in ihrer Seele.

Fakten

- 1776 heiratete Lessing Eva König in Jork bei Hamburg. Nach der Totgeburt des Sohnes starb sie
- 1778, also mehrere Jahre nach seiner Aufnahme, entstand **Ernst und Falk**, drei Gespräche für Freimaurer. Zwei weitere Gespräche folgten. Das Motto: „Duldung! Tätige Men-

Erkenntnisstufen

Die Tempelarbeit soll zur Selbsterkenntnis führen. Freimaurerei hält den Spiegel vor. Ein Persönlichkeitstraining für das Selbst. Es findet alle zwei Wochen immer am gleichen Werktag (!) zur gleichen Uhrzeit statt: meditativ, musikalisch, mit einem je nach Erkenntnisstufe (Grade) festgelegten Ritual mit Rede und Gegenrede, Handlungen mit festgelegten Sprachfiguren und einem individuellen, meist aktuellen Vortrag. Das Ganze mutet an wie eine kleine Theateraufführung, bei der alle mitmachen.

Transformation

„Metanoei, wandle Dich und gehe mit gewandeltem Geist weiter", sagte Johannes der Täufer, Schutzpatron der *Johannisloge*. Der Wandel als Grundlage jeden Erfolges. Wie der Wandel vor dreihundert Jahren von den Bauhütten zu den Logen.

Methode

Das eigene Wesen zu ergründen („Erkenne Dich selbst"), die eigenen Stärken auszubauen, die Schwächen abzubauen, dazu bietet die Freimaurerei ein System der Grade (Erkenntnisstufen) an. Die Grade Lehrling, Geselle und Meister stehen in der symbolischen Bedeutung für Jüngling, Mann und Greis. Sie stehen auch für Geburt, Leben, Tod. Die verschiedenen Grade symbolisieren den Weg, den Wandel. Die Methode ist eine immer wiederkehrende Einübungsethik.

Fakten

- 1678 Opern-Theatrum (erste Bürgeroper in deutschen Landen) im Zentrum der späteren Gänsemarkt-Passage/Lessinghöfe
- 1758 Das Opernhaus war altersschwach. Die Folge: Abriss
- 1767 Ein hölzerner Nachbau folgte, die Hamburgische Entreprise. Lessing kam und blieb drei Jahre. 1769 wurde das Theater geschlossen
- 1769 Aus der Entreprise wurde das **Deutsche Nationaltheater**. Die Leitung übernahm Friedrich Ludwig Schröder. Das Gebäude hatte 1827 ausgedient, die Spielzeit wurde mit dem Schauspiel *Die Stimme der Natur* von Schröder beendet
- 1827 Als Nachfolge wurde zwei Tage nach der letzten Aufführung das **Stadt-Theater** in der Dammtorstraße eröffnet. Architekt war der Freimaurer **Carl Ludwig Wimmel**. Fortsetzung folgt unter Staatsoper!

Büschstraße

Dem Lessing-Denkmal direkt gegenüber mündet die unscheinbare **Büschstraße**. Seit 1841 trägt die Verbindung zwischen Großer Theaterstraße und Gänsemarkt den Namen Büschstraße. Sie wurde benannt nach dem Pädagogen, Professor der Mathematik, Aufklärer, Publizisten **Johann Georg Büsch**. Wir haben ihn schon kennengelernt als Mitbegründer der *Patriotischen Gesellschaft*. Über ihn erfahren wir mehr, wenn wir das Universitäts-Hauptgebäude erreichen, dort steht heute sein Denkmal. War Büsch Freimaurer? Freimaurer von Herzen mit Sicherheit!

DREHBAHN

↗ Wir gehen in die Dammtorstraße, dann links in die Drehbahn.

Unter der Adresse Drehbahn 49 findet sich heute das SIDE Design Hotel Hamburg. Hier an der Ecke **Welckerstraße** weihten die Brüder der **Vereinigten fünf Hamburgischen Logen (V5)** am 15. November 1800 das **erste in Hamburg erbaute Logenhaus** ein. Die Logen waren *Absalom zu den drei Nesseln, St. Georg zur grünenden Fichte, Emanuel zur Maienblume, Ferdinande Caroline zu den drei Sternen* und *Ferdinand zum Felsen*.

Form
Die Methode braucht eine Form. Das ist die Loge als Organisationsform (Verein). Und das ist der Tempel (Arbeitsraum). Ein Fitness-Studio des Geistes. Jeder „trainiert", nimmt was er braucht: Anregung, Meditation, Philosophie, brüderliche Gemeinschaft, Wissen, für manchen ist es eine Form der Unterhaltung. Freimaurerei gibt den Grundwerten der Welt eine Form. Und sie liefert Lernbausteine: Symbol, Ritual, Brauchtum. Wie Lego-Steine, voller Kreativität, Individualität. Freimaurerei ist geprägt von diesen Merkmalen: freimaurerisches Geheimnis (liegt tief in uns), Wanderung durch die Grade (Erkenntnisstufen), Bausymbolik und Wertekanon.

◁ **Logenhaus Drehbahn**

△ David Andreas Cords, 1784-1876, Weinhändler, Loge *St. Georg zur grünenden Fichte*

△ Axel Bundsen, 1768-1832, dänischer Architekt und Baumeister des Klassizismus, Loge *Absalom zu den drei Nesseln*

Das Logenhaus lag etwas zurück, es hatte einen Tempel für 150 Brüder und einen Speisesaal für 130 Personen. Das Gebäude wurde von dem Architekten und Freimaurer **Axel Bundsen** entworfen und errichtet. Die Freimaurer überstanden die für Hamburg so einschneidende Zeit der französischen Besatzung von 1806 bis 1814. Der Große Brand 1842 forderte sie aber stark heraus: Am 9. Mai 1842 stellte der damalige Großmeister der Großen Loge zu Hamburg, **David Andreas Cords**, dieses Logenhaus der Hamburgischen Kaufmannschaft als Börsenhaus zur Verfügung – das Gebäude der neuen **Börse** am Adolphsplatz war nach dem Brand für einige Zeit nicht erreichbar.

Die Freimaurerei entwickelte sich in diesen Jahren äußerst positiv. Jede Loge war schon damals als Verein organisiert. Der Erfolg machte es ab 1875 erforderlich, über ein neues Logenhaus nachzudenken.

△ Stadt-Theater, von Wimmel 1827 erbaut

△ Von Martin Haller umgebautes Stadt-Theater, 1905

WELCKERSTRASSE
(Logenhaus)

↗ Wir stehen vor diesem heute recht schlichten Haus, dem Logenhaus der Vereinigten fünf Hamburgischen Logen.

1845 bis 1848 wurde der seinerzeit private Weg, heute Welckerstraße, angelegt. Schwere Kriegszerstörungen kann man in dieser Straße nur erahnen, es fehlt einfach für die Welckerstraße eine richtige städtebauliche Idee. Es ist aber viel im Wandel!

Vermutlich auf Initiative der an dieser Straße beheimateten Logen wurde der kleine Weg nach dem Professor der Rechte, Mitglied der Frankfurter Nationalversammlung und Freimaurer **Carl Theodor Welcker** benannt. Direkt in dem Winkel zwischen Drehbahn und Dammtorstraße errichteten die Freimaurer im Gedenken an den Herausgeber des Staatslexikons ihren **Welckerbrunnen**, der heute nicht mehr existiert. Karl von Rotteck (1775–1840, deutscher Staatswissenschaftler, Historiker und liberaler Politiker) und Carl Theodor Welcker waren Herausgeber und maßgebliche Autoren des Staats-Lexikons (Rotteck-Welckersches Staats-Lexikon). Er erarbeitete mit dem Freimaurer **Robert Blum** (1807–1848), Politiker, Publizist, Verleger und Dichter) die erste gesamtdeutsche Verfassung.

◁ **Freimaurerischer Tempel**

△ Carl Theodor Welcker, 1790-1869, liberaler Politiker, Jurist und Hochschullehrer, Loge *Zur Einigkeit*, Frankfurt/Main

△ Richard Bröse, 1868-1944, Kaufmann, Loge *Ferdinand zum Felsen*

1891 war es so weit, die Logen nahmen die Arbeit in dem neuen Haus auf. Es enthielt mehrere freimaurerische Tempel, großzügige Festsäle mit entsprechendem Gastronomiebetrieb, eine reichhaltige Bibliothek und vieles mehr.

Die dunkle Zeit

Das Gebäude wurde 1935 durch die **Nationalsozialisten** enteignet. Das Ziel: Zerschlagung der Freimaurerei, Ermittlung des Geheimnisses, Schaffung eines **Anti-Freimaurer-Museums**.

Die dunkle Zeit begann: Am Abend des 30. Juli 1935 war Schluss mit der königlichen Kunst. Die

◁ Logenhaus Welckerstraße bis 1935

Gestapo überwachte die letzte Arbeit im großen Tempel: „Keine Tricksereien bitte!" Kapitel 13 des Ersten Briefes an die Korinther wurde gelesen: „Für jetzt bleiben Glaube, Hoffnung, Liebe, diese drei; doch am größten ist die Liebe". Großmeister **Richard Bröse** stellte den Antrag auf Auflösung der Großloge. Einstimmiges erzwungenes Votum: Auflösung!

Das Freimaurervermögen wurde veräußert. Drei furchtbare Hammerschläge folgten, Tränen flossen bei jedem Bruder, bei der Gestapo nicht. Der berühmte Bariton **Robert vom Scheidt** sang die Arie des Sarastro aus Mozarts *Zauberflöte*: „In diesen heil´gen Hallen kennt man die Rache nicht." Ein Lied der Vergebung.

Der Meister vom Stuhl hielt seine letzte Rede. Er wies darauf hin, dass der Zweck der Freimaurerei darin bestehe, „im Sinne des Schöpfers Liebe

115

△ Robert vom Scheidt, 1881-1964, Bariton, Loge unbekannt

zu verbreiten und die Kunst der Selbsterkenntnis, der Selbstbeherrschung und der Selbstveredelung zu lernen und zu üben". Die Arbeit endete mit einem Gebet: „Eine tiefe und schmerzliche Trauer hat sich nun auf uns niedergesenkt. Gib uns die Kraft, sie mit Standhaftigkeit und Würde zu ertragen. In Glauben, Liebe und Hoffnung beschließen wir unser Werk." Das war das vorläufige Ende der Freimaurerei in Hamburg.

Die Nationalsozialisten beschlagnahmten die große Bibliothek und zerstörten blindwütig die Gemälde aller Großmeister der *Großen Loge von Hamburg*. Alle Logen in Hamburg wurden geschlossen, genau am 30. Juli 1935. Danach missbrauchten die Nazis das Haus für eine **Anti-Freimaurer-Ausstellung**. Es folgte die Enteignung, 1937 wurde das Logenhaus auf Befehl der Gestapo abgerissen.

Absurd: Beim Abriss musste jeder einzelne Mauerstein aufgeschlagen werden, das war eine Vorschrift an die Abbruchfirma, denn man vermutete geheim gehaltene Dokumente und landesverräterische Schriften zu entdecken. Man suchte das **Geheimnis** der Freimaurer. Fehlanzeige.

Freimaurerei tritt für freie Meinungsäußerung ein, lehnt Zwang ab. So standen sich die **Ziele** der **Freimaurer** und die Ziele der **Nationalsozialisten** diametral gegenüber. Auch deshalb wurde die Freimaurerei verboten, in der ehemaligen DDR ebenfalls, wie auch in allen autokratisch geführten Ländern der Welt.

Nationalsozialismus

Die Logen wurden 1935 zur Selbstauflösung gezwungen, die „Dunkle Zeit" begann. So wie sich nach Wiedereröffnung der Logenhäuser nach dem Zweiten Weltkrieg die Freimaurer gern sahen, war es wohl doch nicht ganz. „Nur eine Minderheit trat vor dem Januar 1933 für jene Toleranz und Humanität ein, deren Pflege die Logen insgesamt nach 1945 für sich in Anspruch nahmen. (...) Die Freimaurer „erlitten zweifelsohne erhebliche materielle Verluste, sowohl als Organisation wie auch als Einzelperson. Eine Verfolgung an Leib und Seele blieb allerdings die Ausnahme", so der Historiker Marcus Meyer.

Geheimbund?

Vergessen sollte man den manchmal verbreiteten Unsinn über **Geheimbünde**. In Zeiten von Twitter, Wikipedia und angesichts vieler tausender Freimaurer in aller Welt wäre es schwer, eine „geheime Weltformel" unter Verschluss zu halten. Es gibt sie nicht! Freimaurerei ist keine Geheimlehre (freimaurer-wiki.de), auch wenn Bestsellerautoren wie Dan Brown dies gern für ihre Zwecke nutzen. Sie ist eher eine „offene Gesellschaft mit einigen Geheimnissen", und das aus gutem Grund.

Geheimnis

Was ist das freimaurerische Geheimnis? Es gibt kein Geheimnis im Sinne eines Wissens, das nur einer Gruppe von Menschen gehört. Es gibt keine Weltformel. Das Geheimnis liegt im Erleben des individuellen Selbst. Der eigene Blick in unser Inneres („wer bin ich") ist das Kostbarste was wir haben – und es geht niemanden etwas an! Die Verschwiegenheit ist bereits Bestandteil des Gelöbnisses, das in der Aufnahme abgelegt wird. Verschwiegenheit ist bei der Freimaurern eine Meistertugend, wird aber häufig anders verstanden und interpretiert. Das Geheimnis der Freimaurer ist zwar der zentrale Punkt, nicht aber um etwas zu verheimlichen: Es ist ein Geheimnis um seiner selbst willen.

Neues Logenhaus

Nach Kriegsende 1945 kamen die Logen unter anderem im *Café Krohn* in Ohlsdorf, in einer Wandsbeker Schule, im *Harburger Logenhaus* und im *Logenhaus Moorweidenstraße* zusammen. Viele Diskussionsrunden und Arbeitsstunden später gelang es, das ehemalige Grundstück Welckerstraße 8 zurückzugewinnen.

Bis 1971 diente das leere Grundstück der Post als Parkplatz. Erst am 15. Juli 1970 wurde in einer feierlichen Stunde der Grundstein für ein neues Logenhaus gelegt. Der Architekt und Mitglied der Loge *St. Michael am Strom* **Gerd Pempelfort** war für Planung und Bau des Hauses verantwortlich. Er konzipierte das Gebäude so, dass die oberen Stockwerke als Büroräume vermietet werden können. Mit diesen Einnahmen sollte der Unterhalt des Hauses und der Logenbereich finanziert werden.

Nebenbei erwähnt: Um die Ecke stellte einige Jahre später ein Autohaus seine Räume jahrelang für die wöchentliche *NDR*-Kultsendung *Die Aktuelle Schaubude* mit unter anderen Werner Baecker zur Verfügung.

Tempel

Der Tempel ist Arbeitsraum voller Ruhe und Spiritualität. Ein Symbol der vollkommenen Ordnung. Hier wird das Ritual abgehalten. Hier finden Aufnahmen und Beförderungen in andere Erkenntnisstufen statt. Auch normale Zusammenkünfte und Arbeiten haben hier ihren Raum. Das Handwerk der Steinmetze wandelte sich im 18. Jahrhundert zu geistiger Arbeit. Aus „Bauhütte" wurde „Loge". Aus den realen Werkzeugen wurden Symbole. Andere Symbole aus Wissenschaft, Religion, Mystik, Philosophie kamen hinzu und bereicherten das Inspirationsangebot im Tempel. Der Tempel ist Symbol für das Ideal der Gesellschaft.

Am 30. April 1971 konnte das größte freimaurerische Bauvorhaben der Nachkriegszeit in Hamburg eingeweiht werden. Von den heute 1.300 in Hamburg arbeitenden Freimaurern haben in diesem Hause ungefähr 700 Brüder in 19 Logen ihr Zuhause. Eigentümer dieses Hauses sind die *Vereinigten fünf Hamburgischen Logen (V5)* (hamburg-freimaurerei.de), hervorgegangen aus der *Großen Loge von Hamburg.*

Fakten

- Erstes Logenhaus: Drehbahn Haus-Nr. 329, 1785-1797
- Zweites Logenhaus: Drehbahn 49 (auf dem Grundstück heute: SIDE Design Hotel Hamburg), 1800 bis 1889
- Drittes Logenhaus: Welckerstraße 8, 1891 bis 1935, von den Nationalsozialisten abgerissen 1937
- Viertes Logenhaus: Welckerstraße 8, ab 1971

Leider haben unsere Vorfahren eine unsägliche Unterscheidung freimaurerischer Richtungen (neben vielen anderen Verzweigungen im Laufe der letzten 250 Jahre) eingeführt: die christliche und die humanitäre. Dieses Haus steht für die „humanitäre Richtung". Das Logenhaus an der Moorweide für die „christliche Richtung" (Freimaurerorden). Eigentlich ist das Unsinn, und es verwirrt: Hier wie dort gilt das christlich-humanitäre Element. Es gibt nichts zu unterscheiden. Vielleicht wird an der Welckerstraße das Humanitäre stärker betont, an der Moorweide sind die

---

◁ Eingang Logenhaus Welckerstraße 8: Humanität und Toleranz haben hier ein starkes Zuhause

Logen in der Lehre Christi verankert. Die Rituale und Erkenntnisstufensystematik sind unterschiedlich, das freimaurerische Ziel ist identisch.

Neben dem Restaurant *Nazca* (externe Gäste sind gern gesehen), dem Goethesaal und dem Lessingraum stehen zwei Tempel für rituelle Arbeiten zur Verfügung.

Im Oktober 2000 veranstalteten die Logen dieses Hauses ein großes Fest, mit dem an den Bau des ersten Logenhauses erinnert wurde. Motto: „Unbeirrt vom Lärm der Welt." Altbundeskanzler **Helmut Schmidt** (1918–2015), Mitherausgeber der Wochenzeitung *DIE ZEIT*, warf in seinem Vortrag die Frage auf, ob in diesen Jahrzehnten ein „Verfall der Werte" oder ein „Wandel der Werte" geschehe. Er war im Ergebnis positiv: „Aber es hat auch immer doch Phasen der Erneuerung der ethischen Überzeugungen gegeben und Phasen des Wandels". Letztlich ließ er jedoch die Frage „Verfall oder Wandel" offen. Und er spielte der Freimaurerei in die Hände: „Zur mitmenschlichen Hilfsbereitschaft, zur Solidarität, aber auch zur Toleranz müssen wir erst erzogen werden. (...) Weil Erziehung doch der Beispiele bedarf, der Vorbilder bedarf, sollten Sie (...) prüfen, ob nicht Ihre Anstrengungen (gemeint waren die der anwesenden Freimaurer) zugunsten des Gemeinwohls auch nach außen sichtbar und erlebbar gemacht werden sollten!"

Krankenhaus

Hinter dem alten Logenhaus wurde von Freimaurern am Dammtorwall 1795 das erste privat betriebene Krankenhaus der Stadt eröffnet.

Zuerst wurden hier ausschließlich Dienstmädchen gesund gepflegt, für sie war zu jener Zeit

△ Erstes Freimaurer-Krankenhaus für weibliche und männliche Dienstboten

nur eine Einlieferung in den berüchtigten **Pesthof** gestattet. Dieses Engagement gestaltete sich derart erfolgreich, dass sehr schnell der Wunsch der Hamburger Bürger aufkam, ein Krankenhaus auch für Männer zu haben.

So wurde am 13. April 1804 unter Leitung des späteren Ersten Bürgermeisters der Stadt Hamburg und Freimaurers **Johann Heinrich Bartels** das erweiterte Hospital für männliche Kranke eingeweiht.

△ Johann Heinrich Bartels, 1761-1850, Gelehrter, Advokat, Senator und Bürgermeister von Hamburg, Loge *Absalom zu den drei Nesseln*

Siebente Nachricht

an die

Beförderer des Instituts

für

w e i b l i c h e   K r a n k e.

In der frohen Ueberzeugung, daß unser Institut auch in diesem Jahre denen, die Hülfe bedurften und sie in demselben suchten, so wohlthätig ward, wie die Beförderer dieses Instituts es beabsichtigten, legen wir die gewöhnliche Rechenschaft über das was geschehen ist, und über die Kosten der Heilung und Verpflegung der Kranken dem Publikum ab.

Am Ende des September-Monats 1802 befanden sich noch im Institute ⸱ ⸱ ⸱ 3 Kranke.
Vom 1sten October bis zum letzten September 1803 wurden aufgenommen ⸱ 106 —

Zusammen ⸱ 109 Kranke.
Im vorigen Jahr betrug die Anzahl der Kranken 110.

Von diesen sind gesund entlassen ⸱ ⸱ 89 Kranke.
gestorben ⸱ ⸱ ⸱ 7 —
von ihren Verwandten abgefordert ⸱ ⸱ ⸱ 1 —
einer andern Pflege übergeben ⸱ 1 —
In der Cur bleiben noch ⸱ ⸱ ⸱ 11 —

109 Kranke.

er, so schwer es ihm auch ward, uns dennoch verlassen mußte, nimmt er mit sich. Seine Stelle ersetzt uns, zur Freude des Instituts, Herr Dr. Rambach, und außer dem hat Herr Dr. Chaufepié für das männliche Institut sowohl als für das weibliche, die Stelle als dritter Arzt gütigst übernommen.

Als Vorsteher verließ uns Herr F. L. Schröder, ein Verlust, der, ungeachtet er fortdauernd warmer Freund und Wohlthäter des Instituts bleibt, dennoch tief gefühlt wird. Seine Stelle übernahm Herr Senator Bartels.

Unser Oekonom fährt, zur Zufriedenheit seiner Vorgesetzten, fort, die schweren Pflichten seines Geschäfts mit musterhafter Treue zu erfüllen. — Unter solchen Umständen bleibt uns nur noch einzig übrig, Allen, die bei uns Hülfe suchen, mit reinem Wohlwollen das zu versprechen, was der Gesunde dem Kranken zu geben im Stande ist!

Hamburg, den 1sten October 1802.

J. P. Riesenberger, Dr. Rambach, Dr.
Neust. Neustraße, Nr. 222. 2. Schaarmarkt, Nr. 161.

Chaufepié, Dr. B. G. Schuch,
Heuberg, Nr. 289. Reimerstwiete, Nr. 62.

Otto von Axen, J. H. Bartels, Dr.
Jungfernstieg, Nr. 21. Neust. Fuhlentwiete, Nr. 188.

In diesen **Freimaurer-Kranken-Instituten** wurde über viele Jahre humanitäres Engagement gepflegt. Da 1885 an gleicher Stelle das neue Verwaltungsgebäude der **Reichspost** errichtet werden sollte, erhielten die Freimaurer am Kleinen Schäferkamp an der Sternschanze ein Gelände für den Bau eines neuen Krankenhauses. Dort wird heute mit dem **Elisabeth Alten- und Pflegeheim** das über 225 Jahre während humanitäre Engagement fortgesetzt.

▷ Das Freimaurer-Institut für weibliche Kranke wirbt 1803 um Spendengelder zur Erweiterung für die Behandlung männlicher Kranker

STAATSOPER

↗ Wir gehen auf die Dammtorstraße zu und stehen vor der Staatsoper.

Unter dem Dach sind heute vereint: **Staatsoper Hamburg, Philharmonisches Staatsorchester** und das **Hamburg-Ballett (John Neumeier).**

Am Gänsemarkt hatten wir erfahren, dass Lessing mit dem Theaterdirektor **Friedrich Ludwig Schröder** und dem Schauspieler **Konrad Ekhof** im Deutschen Nationaltheater erfolgreich zusammenwirkte. Lessing kam als Dramaturg an das *Hamburger Nationaltheater* (Entreprise). Die Leitung dieses Hauses übergab Schröder 1815 an seinen Freund und Freimaurer **Friedrich Ludwig Schmidt** (1772–1841, Schauspieler, Regisseur, Dramatiker).

Schmidt führte in diesen Räumen Schröders Erbe noch einige Jahre vielversprechend weiter. Aber die Ansprüche stiegen, und so verfügte der Senat auf Schmidts Bemühungen hin, dass auf dem freigewordenen Grundstück der alten **Kalkhöfe** das neue Theater gebaut werden sollte.

Die Kalkhöfe, das war ein städtischer Platz, auf dem man in Kalköfen den für die Verzierung der Barockbauten benötigten Kalk brannte. Die Kalkhöfe waren über einen schiffbaren Graben mit der Alster verbunden. Bevor das Theater gebaut wurde, schüttete man den nicht mehr benötigten Kalkgraben zu – die heutige **Große Theaterstraße** war entstanden.

◁ **Hamburgische Staatsoper, Zuschauerraum**

△ Albert Gottlieb Methfessel, 1785-1869, Sänger,
Komponist, Dirigent, Loge *Absalom zu den drei Nesseln*

Am 18. Mai 1826 wurde hier auf dem Platz der Kalkhöfe der Grundstein für das neue **Stadt-Theater**
gelegt. Dieser neue Musentempel konnte nach
einjähriger Bauzeit nach Plänen von **Carl Ludwig
Wimmel,** Mitglied der Loge *Zum rothen Adler*, am
3. Mai 1827 mit Beethovens Schauspielmusik zu
Goethes *Egmont* vor 2.800 Zuschauern feierlich
eröffnet werden.

Ein Jahr später beging Hamburg 1828 die
Dreihundertjahrfeier seiner bürgerlichen Mit-
sprache von 1528. Aus diesem Anlass wurde im
Stadt-Theater das vaterstädtische Schauspiel in
drei Akten mit dem dazu gehörenden Prolog
Bürgertreue uraufgeführt. Es endete mit den sieben Strophen des Liedes *Stadt Hamburg an der
Elbe Auen*. Hierzu hatte der Komponist und Freimaurer **Albrecht Gottlieb Methfessel** zuvor die

▷ Hamburgische Staatsoper

△ Sarastro in der Zauberflöte, 2016

△ Wolfgang Amadeus Mozart, 1756-1791, Komponist, Loge *Zur Wohltätigkeit*, Wien

△ Friedrich Ludwig Schmidt, 1772-1841, Wundarzt, Schauspieler, Dramatiker und Theaterdirektor, Loge *Emanuel zur Maienblume*

passende Melodie komponiert. Seit dem ausgehenden 19. Jahrhundert ist dieses Lied weit über die Grenzen der Stadt als *Hamburg-Hymne* bekannt.

Es war ein schlichter Bau Carl Ludwig Wimmels, das Theater hier an der Dammtorstraße. Aber immerhin doch für 2.800 Zuschauer geeignet. Die klassizistische Fassade erschien vielen Theaterfreunden aber zu nüchtern, deshalb erhielt der Bau 1873–74 eine neue, repräsentative Fassade durch **Martin Haller**. Danach bot das Theater nur noch 1.700 Zuschauern Platz.

Enrico Caruso begeisterte von 1903 bis 1906 die Hamburger. Immer stärker rückte die Oper im Spielplan in den Vordergrund. Im Mai 1920 wurden die organisatorischen Konsequenzen gezogen: Die Stadt-Theater-Gesellschaft ging in ein „gemischt-wirtschaftliches Unternehmen mit staatlichen Subventionen" über. Dessen Aufgaben waren einzig der Oper gewidmet.

Die Umbenennung in **Hamburgische Staatsoper** erfolgte 1934 – bis heute heißt sie so. Bei einem Bombenangriff wurde das Haus 1943 (es war die Nacht vom 2. auf den 3. August, Operation Gomorrha) teilweise zerstört. Kaum war die Stadt am 3. Mai 1945 den Engländern übergeben worden, begann der Wiederaufbau – auch der Oper.

In dieser Zeit der Provisorien konnten im noch intakten Bühnenhaus 606 Zuschauer am 9. Januar 1946 mit **Mozarts** *Die Hochzeit des Figaro* Leichtigkeit, Frohsinn und Menschlichkeit spüren.

Freimaureroper

Bei Mozarts Zauberflöte sprechen Freimaurer gern von der Freimaureroper. Aber
bei einer derartigen Deutung muss man
einerseits die nachweisbaren Fakten in
Betracht ziehen und andererseits die Spe-
kulationen berücksichtigen. Von Freimaurer Mozart sind keine eindeutigen Äuße-
rungen über die Freimaurerei, über sich
selbst in diesem Zusammenhang oder
über den Zusammenhang zu seinen Werken überliefert. Also nehmen wir es als
Spekulation über die *Teutsche Oper*, so
bezeichnete Mozart sein Singspiel.

△ Lawrence Winters (eigentlich Lawrence
Whisonant), 1915-1965, amerikanischer Opernsänger
Bariton, Loge *Die Brückenbauer*

Unter der Intendanz von Günther Rennert wurde
der Neubau der Hamburgischen Staatsoper am
15. Oktober 1955 mit Mozarts *Zauberflöte* eröffnet,
der meistaufgeführten Oper der Welt.

Rolf Liebermann übernahm die Staatsoper
1959, Partner war **Herbert Paris**, Verwaltungs-
direktor und Freimaurer. Er stellte den amerikanischen Bariton und Freimaurer **Lawrence Winters**
ein. Er war Ensemblemitglied 1961–1965.

Das nach dem Entwurf des Frankfurter Architekten **Gerhard Weber** errichtete Gebäude steht
unter Denkmalschutz. Entspannen und genießen
kann man in der *Stifter Lounge*. In diesem Ort der
Ruhe finden Genusswelten und Lifestyle harmo-
nisch zusammen.

In der Dammtorstraße sehen wir das von Fritz
Schumacher erbaute ehemalige **Dienstgebäude
der Oberschulbehörde Hamburg**, optisch zentral diesen Abschnitt dominierend.

▷ Ehemalige Oberschulbehörde

STEPHANSPLATZ
mit Museum für Hamburgische Geschichte

↗ Wir stehen dem großen ehemaligen Postgebäude gegenüber.

Heute beherrscht das ehemalige Postamt 36, das Gebäude der vormaligen **Oberpostdirektion**, den Stephansplatz. Das Bauwerk entstand 1883 bis 1887. Später kamen das Telegrafenamt und andere Erweiterungsbauten dazu. So zieht sich dieser große Komplex den Gorch-Fock-Wall entlang.

Die Telegrafie und das Telefonwesen dokumentieren an der Fassade die Bedeutung der Post damals. Die goldene Figur des Götterboten Merkur grüßt von der Eckturmspitze. Im Stil der Neorenaissance ist auch das im Dammtorwall 9 befindliche Postzollamt (Fritz Schumacher) gehalten.

Diese große Verkehrskreuzung zwischen Dammtorstraße/Dammtordamm und Gorch-Fock-Wall/Esplanade ist seit 1887 nach dem Begründer des Weltpostvereins benannt: **Heinrich von Stephan**.

◁ Ehemalige Oberpostdirektion am Stephansplatz

△ Dr. Heinrich von Stephan, 1831-1897 Generalpost-
direktor des Deutschen Reichs, Loge *Teutonia zur
Weisheit*, Potsdam

Das Gebäude wurde 1887 als **Reichspostamt** in Anwesenheit des Chefs der Reichspost **Dr. Heinrich von Stephan** feierlich dem Verkehr übergeben. Hier arbeiteten 1.250 Postbeamte und 1.400 Unterbeamte, von denen 66 Postillione mit 102 Pferden und Wagen bis zu fünf Mal täglich im Einsatz waren.

Hier war auch das „Fräulein vom Amt" zuhause. Für jugendliche Handybenutzer sei klargestellt: Sie stellte die Verbindung zwischen zwei Gesprächspartnern manuell her. Einstellungsvoraussetzung war die Ehelosigkeit. Das galt auch für die männlichen Postillione. 1919 fand diese Praxis keinen Zugang mehr in die Weimarer Verfassung. Aber durch das Fräulein vom Amt wurde die Berufstätigkeit der Frau erst gesellschaftsfähig. Die selbstbewussten Frauen engagierten sich im *Verband der Reichs-, Post- und Telegraphenbeamtinnen* (Credo: „Arbeiten und Frohsein"). 1966 war das Fräulein vom Amt Geschichte. Und die Berufstätigkeit der Frau war in der noch jungen Bundesrepublik gesellschaftlich angekommen.

Auf dem Stephansplatz erfährt unsere Spurensuche einen Höhepunkt mit dem Blick auf das imposante Eck-Gebäude. Innen hat sich das alte Postgebäude gewandelt: Mit dem *LANS Medicum-Lanserhof* Hamburg findet sich dort neben *Lans / Österreich*, Tegernsee / Bayern, Sylt und London ein weiterer Standort für Regenerations-Medizin. Weitere Angebote Dritter ergänzen diesen modernen exklusiven Gesundheitsbereich im historischen Gebäude.

▷ Das Fräulein vom Amt: Mitarbeiterinnen der Deutschen Reichspost bei der Handvermittlung von Ferngesprächen in Hamburg

△ Das Museum für Hamburgische Geschichte wurde 1914 bis 1923 in den Großen Wallanlagen errichtet

Exkurs 3 ‖ **Salomonischer Tempel im Museum für Hamburgische Geschichte**

Das **Museum für Hamburgische Geschichte** mit dem Modell des Salomonischen Tempels befindet sich fußläufig circa 20 Minuten vom Stephansplatz entfernt. Wir gehen durch die Wallanlagen, treffen unterwegs Kaiser Wilhelm I., später geht es dann über den Johannes-Brahms-Platz zurück zum Stephansplatz.

Wallanlagen

Hier treffen wir auf halbem Wege zum Museum einen hochadeligen Freimaurer: **Wilhelm I.** Wilhelm Friedrich Ludwig von Preußen, Haus Hohenzollern. Von 1861 bis zum Tod 1888 war er **König von Preußen** und seit der Reichsgründung 1871 erster Deutscher Kaiser. Als **Prinz von Preußen** wurde er 1840 in die Freimaurerei aufgenommen.

Nach seinem Tod wurde eine Kommission aus

△ Weltverkehr und neue Kommunikationsmöglichkeiten

△ Wilhelm I. , 1797–1888, König von Preußen,
Deutscher Kaiser, Schirmherr der drei deutschen
Großlogen

Senats- und Bürgerschaftsmitgliedern mit der Gestaltung des Denkmals, eines Reiterstandbildes mit vier Figurengruppen, und auch mit der Standortfindung beauftragt. Nach einigem hin und her wurde das Reiterdenkmal 1903 mit der Figurengruppe auf dem Rathausmarkt enthüllt: fünfeinhalb Meter hoch, auf einem sechs Meter hohen Sockel aus poliertem Granit. Entwurf Johannes Schilling.

1929-30 wurde das Denkmal am Rathausmarkt entfernt, Teile wurden an den Sieveking-platz versetzt und hier dann 1997 neu zusammengefügt. Es dokumentiert nun auch in den umge-benden Statuen Allegorien auf die Errungenschaften nach der Reichsgründung: Weltverkehr und neue Kommunikationsmöglichkeiten, die neuen, einheitlichen Reichsgesetze, das Invaliditäts- und Altersversorgungsgesetz und das einheitliche Maß- und Münzwesen.

Museum für Hamburgische Geschichte

Das Museum entstand aus der *Sammlung Hamburgischer Altertümer* des *Vereins für Hamburgische Geschichte* von 1839. Es wurde 1908 gegründet und

135

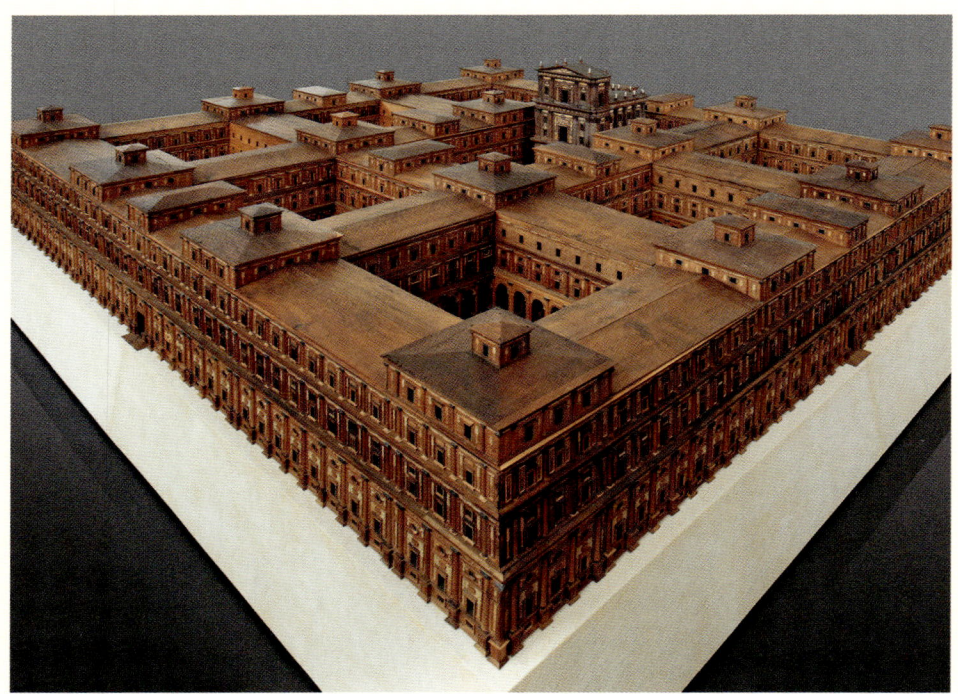

△ **Modell des Salomonischen Tempels, Symbol der** *Wohnung Gottes*

1914–1923 nach Plänen von **Fritz Schumacher** errichtet (historische-museen-hamburg.de).

Der **Salomonische Tempel** ist das einzige Tempel-Modell aus der Barockzeit. Circa 3.000 Jahre zuvor gehörten zum Judentum zwei Tempel. Sie standen in Jerusalem nacheinander auf dem heutigen Tempelberg (die Westmauer ist die Klagemauer). Für viele Juden das Symbol für den ewigen Bund Gottes mit seinem Volk.

Wesentliches Element der **Königlichen Kunst** (Freimaurerei) ist die symbolische Interpretation der Baukunst. Nach der Legende im Alten Testament ließ **König Salomo** 966 v.Chr. in Jerusalem den ersten steinernen Tempel bauen.

Grundlage waren geometrische Prinzipien.

Dieser erste Tempel wurde von **Nebukadnezar** 586 v.Chr. zerstört, der zweite Tempel dann durch römische Truppen 70 n.Chr.

Der Tempel galt als vollkommenes Bauwerk der Menschheit, als „Wohnung Gottes". Für die Freimaurer ist dies noch heute eine wichtige Metapher. Es ist ein Lehrbild, alle anderen handwerklichen Symbole lassen sich darauf zurückführen. Der Freimaurer baut den **Tempel der Humanität**. Winkelmaß, Zirkel, Kelle, Maßstab, Lot sorgen für die Vollkommenheit – im Bau wie im menschlichen Leben, hier mit dem Ziel der ethisch-moralischen Optimierung.

△ **Als Gewerbehaus 1912-15 von Fritz Schumacher errichtet: Handwerkskammer**

Das alte Tempelmodell stammt aus den Jahren 1680-92 und wurde in Hamburg vom Ratsherrn und Pächter der Bürgeroper **Gerhard Schott** (1641-1702) in Auftrag gegeben. Schott hatte es für eine besondere Opernaufführung am Gänsemarkt mit Bezug zum Salomonischen Tempel anfertigen lassen.

↗ Rückweg vom Museum zum Stephansplatz Wir gehen in Richtung Stephansplatz an der **Handwerkskammer**, Holstenwall 12, vorbei. Falls geöffnet, treten Sie bitte einmal kurz in die Halle und bewundern die Raumwirkung beider Treppenhäuser.

Am Holstenwall 12 treffen wir auf das von Fritz Schumacher errichtete Gewerbehaus (1912-15 erbaut), heute Handwerkskammer Hamburg. Selbstbewusstsein sollte das Haus ausstrahlen ... und es ist gelungen! Besonders zu sehen in den zwei Treppenhäusern. Über 820 selbständige Handwerksbetriebe sind heute in dieser Selbstverwaltungseinrichtung (Kammer und Innungen) organisiert. Aus den Zünften hervorgegangen! Anders zu sehen sind die Bauhütten und die Steinmetzbruderschaften (Ursprung der Freimaurerei).

△ Laeisz-Halle, 1904-08, von Martin Haller und Emil Meerwein erbaut

Laeisz-Halle

Weiter geht es zum Johannes-Brahms-Platz mit der **Laeisz-Halle/Musikhalle**, Entwurf **Martin Haller** und **Wilhelm Emil Meerwein**. Die Mittel für den Bau kamen von dem bereits verstorbenen Reeder **Carl Heinrich Laeisz** und Stiftungen der Witwe **Sophie Laeisz**. Der Komponist **Johannes Brahms** (1833-1897) ist Namensgeber dieses Platzes, dessen Vater **Jakob Brahms** (1806-1872) war Mitglied der Loge *Zum Pelikan*.

Wir erinnern uns an den offenen Lichthof im Haller Haus (Commerzbank am Jungfernstieg):

Hat sich **Martin Haller** auch in der Laeisz-Halle das offene Licht im großen Saal zur Vorlage genommen? Vorbild wäre die freimaurerische Bauhütte. Aber auch das ist nur Spekulation. Den dominierenden Kontrapunkt am Johannes-Brahms-Platz setzt das monumentale **Brahms Kontor** (früher DAG-Haus), vor 1933 Sitz des *Deutschnationalen Handlungsgehilfen-Verbandes (DHV)* gegenüber: In den 1930er Jahren war dies ein Haus der Ideologie des Nationalsozialismus, der Fassadenschmuck zeugt noch heute davon. Die Gegensätze der Stadt zeigen sich auch auf diesem Platz.

Justizforum

Auf der anderen Seite des Grüngürtels erblicken wir das **Justizforum** mit dem Oberlandesgericht (Mitte), Ziviljustizgebäude (links) und das Strafjustizgebäude mit dem Untersuchungsgefängnis. Letzteres mit einer äußerst gut klingenden Adresse für manche Hamburger, die auf die Frage „Wo wohnst Du?" antworten: „Holstenglacis 3". Der Unkundige ist beeindruckt von dieser vermeintlich typisch hamburgischen Edeladresse.

Gegenüber blicken wir auf das Ziviljustizgebäude. Über dem Eingang an der Fassade erkennen wir in der rechten Persönlichkeit **Hermann Baumeister** (1806-1877). Ab 1835 widmete er sich als Richter vermehrt wissenschaftlichen und politischen Themen. Das war die Grundlage. Um 1848-49 kämpfte er mit Unterstützung anderer für eine modernere Hamburger Verfassung. Ab 1859 war Baumeister Richter beim Obergericht (Vorläufer des Oberlandesgerichts), dessen Präsidentschaft er 1876 übernahm. Von 1859 bis zu seinem Tode war er Mitglied der Hamburger Bürgerschaft, die er auch über elf Jahre als Präsident leitete. Der überzeugte Freimaurer war Bruder der Loge *Ferdinand zum Felsen*.

△ Ziviljustizgebäude, Hermann Baumeister über dem Eingang ganz rechts an der Fassade

↗ Am Stephansplatz ist unser Exkurs zum Salomonischen Tempel beendet.

△ Oberlandesgericht

Esplanade

Rechts vom einstigen **Hotel Esplanade**, dem heutigen Casino Esplanade, geht eine große breite Straße, die **Esplanade**, direkt zur Lombardsbrücke, rechts zum Neuen Jungfernstieg mit der Binnenalster, links zur Außenalster.

Die Esplanade wurde zwischen 1827 und 1830 nach Entwürfen von **Carl Ludwig Wimmel** mit Häusern im klassizistischen Stil und vier Lindenreihen in der Mitte angelegt. Die Wallanlage wurde geschleift und die Esplanade, definiert als „eine freie und ebene Zone zwischen Befestigung und Stadt", war fertig. Nur schade, dass durch den heutigen Autoverkehr von „*frei*" keine Rede mehr sein kann. Wimmel ordnete dieses ganze Gebiet zwischen Binnenalster, Dammtorstraße, Kalkhof, Englischer Reitstall und Stadt-Theater völlig neu. Vorbild für die Esplanade war für ihn wohl die Straße **Unter den Linden** in Berlin oder auch die schöne **Palmaille** in Altona: 1638-39 als Spielstraße angelegt, vom dänischen Architekten und Freimaurer **Christian Frederik Hansen** wesentlich gestaltet.

Esplanade 37 ist das einzig erhalten gebliebene Haus der Bebauung von **Wimmel**. Es findet zu Beginn Erwähnung in Thomas Manns Roman *Der Zauberberg*.

Dem ehemaligen Postgebäude schräg gegenüber liegt das *Casino Esplanade*, Ecke Stephansplatz/Esplanade. Dieses Haus wurde 1906-07 für die *Deutsche Hotel AG* gekauft. Später übernahm das *Zellulose-Unternehmen Phrix-Werke AG* das Gebäude. Nach wechselvoller Geschichte wurde es 2006 zum Casino und Restaurant mit schönem Garten. In den oberen Etagen befindet sich das *Hamburg Center für Health Economics* (Universität Hamburg/UKE).

△ **Das letzte vom Freimaurer und Architekten Wimmel erbaute Patrizierhaus**

In diesen Minuten unseres Spaziergangs sind wir froh, den Spirit der Stadt auch in der leichten Muse, der Unterhaltung zu spüren. Und die war nach dem Zweiten Weltkrieg wieder gefragt. **Bert Kaempfert** (1923-1980), wie Angela Merkel und Helmut Schmidt in Hamburg-Barmbek geboren, war Komponist, Orchesterleiter, Arrangeur und Produzent. Er gilt als Urvater der Lounge-Musik. Sein bekanntester Hit ist wohl *Strangers in the Night*, gesungen von Frank Sinatra. Als Kaempfert 1947 nach Hamburg zurückkam, spielte er in Bars und Hotels, besonders oft und gern hier in der **Tarantella-Bar** des *Hotels Esplanade*, ab 1948 für wenige Jahre Mieter der *Phrix-Werke AG*.

△ Stephansplatz mit *Casino Esplanade,* links *Schiller-Denkmal*

Bert Kaempfert hatte seinen internationalen Durchbruch 1960, als er im *Top-Ten-Club* auf der Reeperbahn eine Band aus Liverpool unter Vertrag nahm. *My Bonnie* war der Titel der **Beatles**. **Billy Mo** (1923-2004) war Kaempferts Startrompeter: Jazz, Schlager ... bis zum *Mitternachtsblues*. Seine Wurzeln reichen nach Kamerun, er war Psychologe und Musiktherapeut, hatte eine eigene TV-Sendung und galt als Frauenheld. Seine Beisetzung erfolgte im freimaurerischen Ritual, und Daborah Sasson sang das *Ave Maria*. Auf seinem Grabstein in Wunstorf findet sich der Tirolerhut. „Nun kann Billy Mo seine musikalischen Freimaurerkollegen Duke Ellington, Nat King Cole, Louis

△ Billy Mo (Peter Mico Joachim), Jazz-Trompeter und Schlagersänger, Loge *Zur Bruderkette*

△ Kriegerdenkmal

Armstrong und Irving Berlin im Himmel der Musiker treffen. Was für eine Jam-Session", hieß es auf der freimaurerischen Trauerfeier für Billy Mo, den großen Menschenfreund und Philanthropen. Er trat 1966 der Freimaurerei in der Hamburger Loge *Zur Bruderkette* bei. Ein Jahr später feierte die Bundesrepublik die Geburt des Farbfernsehens: Der erste Künstler auf dem jetzt farbigen Bildschirm war Billy Mo! Ab 1981 wurde er Mitglied der Loge *Zum Schwarzen Bär* in Hannover.

Hamburg ist eine Stadt der Musik, besonders auch der kleinen Musiklabels, fast 100 prägen diese Nischen-Szene. Folgerichtig betont der Hamburger Kulturpolitiker Dr. Carsten Brosda: „Die vielen kleinen Label prägen den Sound der Stadt." Finanzielle Unterstützung eingeschlossen.

Kriegerdenkmal

↗ Wir gehen auf der Parkseite Richtung Dammtor-Bahnhof. Kontraste warten!

Dieser Platz steht unter dem Bekenntnis des Deutschen Bundestages, Beschluss vom 15. Mai 1997

> *Der Zweite Weltkrieg war ein Angriffs- und Vernichtungskrieg, ein vom nationalsozialistischen Deutschland verschuldetes Verbrechen.*

(gedenkstaetten-hamburg.de).

Dieser gewaltige Klotz thematisiert das Andenken an die im Ersten Weltkrieg gefallenen Soldaten. Er sollte auf einen künftigen Krieg einstimmen.

△ Gegendenkmal

Dieses **Kriegerdenkmal** bestimmt die Szenerie des Gedenkens zwischen Stephansplatz und Dammtor-Bahnhof. Es war gedacht für das 76. Infanterieregiment und steht seit 1936 an dieser Stelle, von NS-Größen eingeweiht. Gefertigt aus Muschelkalk, mit einem umlaufenden Relief, die Soldaten marschieren in Viererreihen und in Lebensgröße in den Krieg. Eine Kontrolle des Reliefs durch die Auftraggeber unterblieb wohl, denn ein Soldat raucht Pfeife. Wer? Wo? Wo genau?

Dieses **Kriegerdenkmal** ist als erstes Gegendenkmal zu verstehen – gegen das 1931 von **Ernst Barlach** mitgeschaffene Ehrenmal (Barlach-Stele) am Rathausmarkt. Nach dem Zweiten Weltkrieg wollte die britische Militärregierung das Kriegerdenkmal sprengen, letztlich unterblieb dies.

Gegendenkmal

Der unförmige Klotz des Gefallenendenkmals und vor allem dessen Aussagekraft verlangte aber – die Bundeswehr hatte ihre Ehrungen an diesem Ort in den 1970er Jahren eingestellt – wiederum nach einem (weiteren!) Gegendenkmal. So beschloss 1982 die Kulturbehörde: ein Mahnmal gegen den Krieg sollte entstehen. Ein Gegendenkmal soll nicht ändern, entfernen, es soll aber eine Antithese entwickeln. Und die hatte **Alfred Hrdlicka** (1928-2009), Wiener Bildhauer.

Er thematisierte die **Operation Gomorrha**, die Juli-Katastrophe von 1943. Der schwerste Luftangriff in der Geschichte Hamburgs dauerte zehn Tage und Nächte. Dieser apokalyptische

△ **Deserteursdenkmal**

Feuersturm zerstörte ganze Stadtteile, erst Altona, Eimsbüttel und Hoheluft, später die östlichen Stadtteile. 35.000 bis 40.000 Menschen verloren ihr Leben. In Zahlen: 2.500 britische Bomber und 146 US-Bomber, 8.300 Tonnen Sprengstoff, 100.000 Spreng- und Brandbomben.

Ein zweiter Teil seines Werkes **Denkmal gegen den Krieg** ist der *Fluchtgruppe Cap Arcona* gewidmet. Eine Menschengruppe, die von einer Welle erfasst wird. Es erinnert an 7.000 KZ-Häftlinge, die nach der Lagerräumung in Neuengamme von der SS auf Schiffe verbracht wurden.

Eines davon war die **Cap Arcona**, eines der mondänsten Passagierschiffe seiner Zeit. Durch britische Bomber wurde das Schiff irrtümlich am 3. Mai 1945 in der Lübecker Bucht versenkt, gemeinsam mit dem Frachter **Thielbeck.** Nur wenige überlebten. Das alles passierte wenige Tage vor Kriegsende.

Eigentlich sollten vier Themen von Hrdlicka bearbeitet werden, der Künstler stellte aber finanzielle Nachforderungen, die ausgehandelten Verträge waren wohl nicht optimal. So blieb es bei den zwei Themen: *Hamburger Feuersturm/ Operation Gomorrha* und *Cap Arcona*.

Deserteursdenkmal

Zwischen beiden Denkmälern wurde 2015 der **Gedenkort für Deserteure und andere hinge-richtete Opfer der NS-Militärjustiz** eingeweiht. Der Gedenkort würdigt die Opfer und setzt ein wichtiges politisches Zeichen gegen Kriegsver-herrlichung, es steht für Zivilcourage.

Fünf große Katastrophen kennzeichnen die neuzeitliche Stadtgeschichte Hamburgs, alle haben große Spuren hinterlassen, teilweise waren sie unumgänglicher Anlass für neue Stadt-Strukturen:

Fakten

- 1813-1814 Vertreibung von 30.000 Unterpro-viantierten („unnütze Esser") aus der französisch besetzten Stadt Hambourg
- 1842 Großer Brand
- 1892 Choleraepidemie
- 1943 Hamburger Feuersturm (Luftangriffe), Operation Gomorrha (militärischer Codename)
- 1962 Sturmflut

△ **Friedrich Schiller, ab 1802 geadelt, 1759-1805, Arzt, Dichter, Philosoph und Historiker, Abbildung 1786**

Schiller-Denkmal

↗ Gegenüber im Gustav-Mahler-Park, zwischen dem Großkino CinemaxX und Casino Esplanade, treffen wir auf Friedrich Schiller

Hier stand ab 1908 der pompöse *Dammtor-Pavillon*, später *Dammtor-Palast*, ab 1937 *Münchner Hofbräuhaus*, 1977 dann ausgebrannt, danach *Bierpalast*, Diskothek. Ein trauriger Niedergang, den wir mit dem *CinemaxX* verschmerzt haben.

Alle Denkweisen haben in der liberalen Stadt Hamburg ihren Platz. Durch den Sichtbezug des Gedenkplatzes zum **Schiller-Denkmal** ist dies auch ein Ort der Kontraste.

Hier im **Gustav-Mahler-Park** (der Komponist Mahler war Erster Kapellmeister im damaligen Hamburger Stadt-Theater) steht das Denkmal. Es wurde im Andenken für **Friedrich Schiller** (1759–1805) vom Schiller-Verein gestiftet und auf dem Gelände des ehemaligen Stadtwalls 1866 enthüllt. Es stand lange vor der Kunsthalle und seit 1958 an dieser Stelle. Im Reisemantel steht Schiller auf einem Granitsockel, vier allegorische Figuren verweisen auf die Talente und Aktivitäten Schillers: Lyrik, Drama, Geschichtsschreibung und Philosophie.

Für uns, die wir den Spirit der Stadt suchen, stellen sich Fragen: Warum ein Schiller-Denkmal in Hamburg? War Schiller Freimaurer?

Schiller war nie in Hamburg. Aber 1787 wurde *Don Carlos* hier auf Initiative von **Friedrich Ludwig Schröder** uraufgeführt. Reicht das? Wohl nicht. Es war wohl die „geistige Freiheit" des Arztes, Dichters, Philosophen und Historikers, die die Hamburger so begeistert hat. Vielleicht war es auch dieser Satz aus den Briefen an seinen Freund **Christian Gottfried Körner** (1756-1831): „Du weißt, wie wohl einem bei Menschen ist, denen die Freiheit des anderen heilig ist." Körner war Mitglied der Freimaurer-Loge *Minerva zu den drei Palmen* in Leipzig. War Schiller Freimaurer? In seinen Werken tauchen viele freimaurerische Ansichten auf. Es wäre deshalb wohl zu vermuten, bleibt aber unklar. Mehrfach wurde Schiller aufgefordert, dem Bund beizutreten, besonders drängend war wohl

Johann Joachim Christoph Bode. Der aber brach mit der Mystik und wechselte ab 1782 in den radikal-aufgeklärten Bund der **Illuminaten** – da hatte Schiller vermutlich Bedenken. Auch die Geistesgrößen und Freimaurer in Weimar wie **Goethe, Herder, Wieland** blieben im Werben um Schillers Mitgliedschaft erfolglos. Genau wissen wir es nicht.

Schiller hat 1785 für den Freund und Herausgeber seines Gesamtwerkes Christian Gottfried Körner das Gedicht *Ode an die Freude* geschaffen. Das Werk war bestimmt für die Freimaurerloge *Zu den drei Schwertern* in Dresden.

Die Vertonung der *Ode an die Freude* ist seit 1985 die offizielle Europa-Hymne. Vorgeschlagen vom österreichischen Schriftsteller **Richard Nikolaus Coudenhove-Kalergi** (1894-1972), Gründer der *Paneuropa-Union* und Mitglied der Wiener Freimaurerloge *Humanitas*.

Ludwig van Beethoven steht für diese einmalige Musikgeschichte in 970 Takten. Diese *9. Symphonie* ist der Höhepunkt seines Schaffens. Mit einem großen Chorfinale thematisiert er Radikalität, Entschlossenheit und Freiheit, eine Gesellschaft ohne Unterdrückung, Hass und Armut. Ziel: Gleichberechtigung aller Menschen, verbunden in Freude und Freundschaft.

▷ Schiller umgeben von vier weiblichen Figuren

146

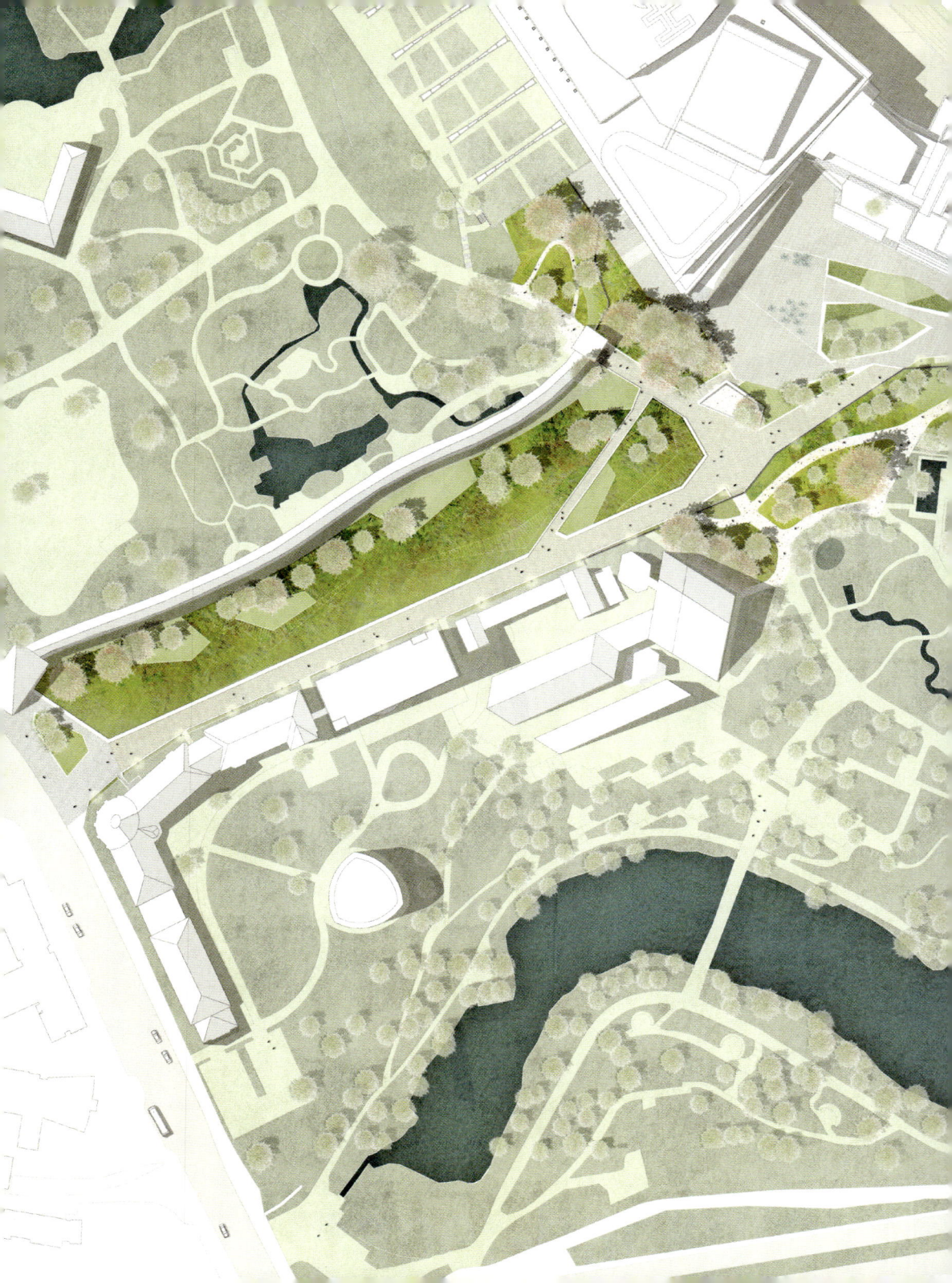

DAG-HAMMARSKJÖLD-PLATZ

↗ Zurück geht es über das östliche Teilstück der früheren Dag-Hammarskjöld-Brücke in das neue „Vorzimmer" von Planten un Blomen mit dem Alten Botanischen Garten.

Von der Brücke aus lässt sich dieser neu gestaltete Vorplatz des Bahnhofs gut überblicken. Aus der steinernen und recht dunklen Atmosphäre wurde 2022 der sonnige und grüne **Dag-Hammarskjöld-Platz**, der alle Parkteile nun an das städtische Leben anbindet.

Unterschiedliche Terrassen verbinden **Planten un Blomen** sowie den **Alten Botanischen Garten** und die Vorplätze miteinander und integrieren den übriggebliebenen Teil der alten Dag-Hammarskjöld-Brücke. Sie sollte Brücken von Mensch zu Mensch schlagen. Und das schafft nun dieser neu gestaltete Vorplatz mit hoher Aufenthaltsqualität.

Die kleine **Dammtorwache** wurde 1879 errichtet, ein als Polizeiwache früher genutzter attraktiver Bau im Neorenaissance-Stil. Das **CCH – Congress Center Hamburg** und das **Hotel Radisson Blu** ergeben eine gelungene Gesamtkomposition neuer Sichtbezüge.

◁ Planungsentwurf (POLA Landschaftsarchitekten GmbH) für den Dag-Hammarskjöld-Platz bis zur Neuen Marseiller Promenade

△ Radisson Blue Hotel

Der Platz wurde nach dem zweiten UN-Generalsekretär und Freimaurer **Dag Hammarskjöld** benannt. Sein Name steht für die weltweite Idee, die so viele Menschen aller Ethnien, Religionen, Schichten und Herkünfte zusammenbringt: Die so genannte „Weltbruderkette" symbolisiert die internationale Verbundenheit der Freimaurer untereinander, sie drückt aber auch die Brüderlichkeit aller Menschen aus.

△ Dag Hammarskjöld, 1905-1961, schwedischer Staatssekretär, zweiter UN-Generalsekretär, Loge unbekannt

Internationalität

Wie kann es sein, dass überall in der Welt von 2,6 Millionen Freimaurern ein weitgehend gleiches Ritual gepflegt wird? Alle Logen sind einzelne Vereine (deshalb gibt es weltweit auch nicht die „eine" Meinung der Freimaurer). Bei Gründung des Vereins erteilt die Weltloge in England über eine deutsche Großloge das Recht, die Rituale und alles andere zu nutzen. Die Constitutions (*Alte Pflichten von 1723*) sind das „Grundgesetz" aller Logen. Dieses Grundgesetz ist nicht änderbar, es regelt weltweit das Verhalten aller Freimaurer untereinander. Und das seit 300 Jahren!

Grundprinzipien

Dreiklang des Miteinander: Weltoffenheit, Humanismus, Toleranz. Freimaurer sehen in der Übung zur Toleranz (von Duldung bis Grenzziehung) die wichtigste Aufgabe der Selbstoptimierung gegenüber Dritten. Diese Grundprinzipien haben diese Ursachen: Natur, Religion und Stärke.

Stehen wir auf dünnem Eis der Zivilisation? Einzelne Persönlichkeiten bringen uns häufig in Bewegung und denken die Welt neu! Schon Immanuel Kant hat in seiner Schrift *Vom ewigen Frieden* 1795 einem staaten- und völkerübergreifenden Bund das Wort geredet. Hammarskjöld hinterließ unter anderem ein spirituelles Tagebuch, auf Deutsch: *Wegmarken*. Begraben ist er auf dem alten schwedischen Friedhof Uppsala. Die Gedenkstätte im Dom von Uppsala trägt die Inschrift: „Icke jag utan gud i mig. Nicht ich, sondern Gott in mir."

Nach seinem Tod, ein ungeklärter Flugzeugabsturz in Sambia, wurde Hammarskjöld 1961 ausnahmsweise posthum der Friedensnobelpreis verliehen. Er war Mitglied einer schwedischen Freimaurerloge.

DAMMTOR-BAHNHOF

↗ Der Dammtorbahnhof, der Park Planten un Blomen, das *Radisson Blu Hotel* streiten nun um unsere Aufmerksamkeit.

Wallring

Der Dammtorbahnhof liegt frei zwischen dem **Alten Botanischen Garten**, dem Park **Planten un Blomen** und der **Moorweide**. Hier spürt man den Wandel der Stadt besonders, die **Stadtbefestigungen** mussten immer wieder angepasst werden. Die großen Katastrophen erwirkten neue Konzepte und Planungen, die Stadt wandelte sich. Hier am **Wallring**, der sich im Halbkreis um die Innenstadt legt, wird dies deutlich.

Fakten

- 17. Jahrhundert: Wallring, mit heutiger Neustadt, vom Niederländer Johan van Valckenburgh geplant
- 19. Jahrhundert: Nach der französischen Besatzungszeit (1806–1814) wurden aus den Befestigungen Parkanlagen
- 1814 ergab sich die Möglichkeit, einen Park um die dicht besiedelte Kernstadt zu legen. Die Entfestigungskommission plante die Schleifung der Festungswerke, der Weg zu einer öffentlichen Parkanlage war geschaffen

◁ Dammtor um 1800, Ansicht von der Stadtseite, die Bürgerwache zieht nach dem Exerzieren auf die Moorweide

Planten un Blomen mit Altem Botanischer Garten

Mit dem Schau- und Erlebnispark **Planten un Blomen** (Pflanzen und Blumen, plantenunblomen.hamburg.de), 47 Hektar groß, zwischen Millerntor, Dammtorbahnhof und Fernsehturm kommen wir zum Grüngürtel um die westliche Innenstadt: Der Park war einmal das Kerngelände der **Niederdeutschen Gartenschau** von 1935. Dann die **Großen** und **Kleinen Wallanlagen** und der **Alte Botanische Garten** (ein Teil des Wallgrabens aus dem 17. Jahrhundert ist noch sichtbar). Dieser Park ist nicht der größte in Hamburg, aber der zentralste: Der Inselpark auf der Elbinsel Wilhelmsburg ist doppelt so groß, auch der Ohlsdorfer Friedhof und der Stadtpark sind größer.

1821 stellte Hamburg einen kleinen Teil der Wallanlagen für einen privaten Botanischen Garten zur Verfügung. Ab 1857 wurde der Garten dann staatlich institutionalisiert. Anfang des 20. Jahrhunderts folgte eine Erweiterung. Die Eröffnung des **Neuen Botanischen Gartens** der Universität Hamburg in Klein-Flottbek erfolgte 1979; heute **Loki-Schmidt-Garten**. Der **Alte Botanische Garten** wurde Planten un Blomen eingegliedert.

Im Zuge der Internationen Gartenbau-Ausstellungen 1963 und 1973 und dem Bau des *CCH - Congress-Centrum Hamburg* wurde viel umgestaltet und verändert. Trotzdem: Der Park mitten in der Stadt ist eine besondere Oase! Beliebt sind die Tropengewächshäuser, die Mittelmeerterrassen, die beiden Japanischen Landschaftsgärten, der Apothekergarten und die Bürgergärten, die Rollschuhbahn / Eisbahn und an Sommerabenden die Wasserlichtorgel am Parksee ... und die Schildkröten im Wallgraben. Auch Konzerte im Musikpavillon (draussenimgruenen.de) und Lesungen sind meist kostenlos für die Bürger der Stadt!

Vier Gartenschauen organisierten den Wandel. An allen hatte der bedeutende Gartenarchitekt **Karl Plomin** (1904-1986) mitgewirkt: *Gartenschau 1935, IGA (Internationale Gartenbauausstellung) 1953, IGA 1963, IGA 1973.*

Heute gibt die Stadt Hamburg jährlich 2,4 Millionen Euro für Pflege und Betrieb von Planten un Blomen aus. Personalkosten separat. 25.000 Frühblüher, 15.000 Blumenzwiebeln und 19.000 Sommerblumen werden in diese Oase mitten in der Stadt gepflanzt. Und doch spürt man, dass an vielen Installationen und Bauwerken der Zahn der Zeit nagt.

Landschaftsgärten

Die Aufklärung befreite die Gesellschaft von Zwängen. Symbolisiert wurde dies in der Gartenkultur: Der Englische Landschaftspark begeisterte die Bürger und beeinflusste so den Geist der Stadt. In Hamburg wurde 1785 von Caspar Voght (Armenpolitiker und Parkarchitekt) in Flottbek an der Elbe ein besonderer Garten geschaffen: Die Ornamented Farm. Nützliches und schönes Hand in Hand. Auch der Baurs Park (1802) in Blankenese ist in diesem Zusammenhang erwähnenswert. Freimaurergärten im engeren Sinne sind beide nicht, sie spiegeln den Zeitgeist. So gesehen sind die Englischen

▷ Reste vom Stadtgraben im Alten Botanischen Garten

△ Denkmal für die Vertriebenen Armen 1813

△ Alfred Edmund Brehm, 1829-1884, Zoologe, Naturforscher, Reiseschriftsteller, Loge *Apollo*, Leipzig

Landschaftsgärten dreidimensionale Arbeitsteppi-
che/Arbeitstafeln, symbolischer Mittelpunkt jeder
freimaurerischen Arbeit.

Direkt am Zaun zur St. Petersburger Straße
(trennt Messehallen und Botanischen Garten) finden wir das **Denkmal für die Vertriebenen Hamburger Armen**. Das vom Freimaurer **Wimmel** ent-
worfene Mahnmal stand ursprünglich in Ottensen.
Ganz versteckt auf dem ehemaligen Kirchhof liegt
ein Gedenkstein für 1.138 Vertriebene der Weih-
nachtsnacht 1813. Sie starben nach ihrer Vertreibung durch die Franzosen in Altona und Ottensen.
Auch dort konnte der Freimaurer **Conrad Daniel
Graf von Blücher-Altona**, Oberpräsident von
Altona, sie nicht retten. Bis 1864 (Deutsch-Däni-
scher Krieg) stand Altona unter dänischer Herr-
schaft, gleichzeitig war Altona Teil des Herzogtums

Holstein, das bis 1806 zum Alten Reich und seit
1815 auch dem Deutschen Bund angehörte.

Fakten

- 1789 Französische Revolution
- 1806 Französische Truppen besetzen Hamburg, Bremen, Lübeck, Beginn der Franzosenzeit
- 1811 Hamburg wird in das französische Kaiser-
  reich eingegliedert
- 1813 Aufstand gegen Franzosen, Russisches
  Korps besetzt Hamburg, Franzosen kommen
  zurück
- 1813 Völkerschlacht bei Leipzig, Niederlage
  Napoleons
- 1814 Napoleon tritt zurück, Mai: Ende der
  Franzosenzeit

△ Zoologischer Garten um 1866, Gebäude erbaut von Martin Haller

Tiergarten

Zurück in die jüngere Geschichte des Parks Planten un Blomen: Der Hamburger Kaufmann und Freimaurer **Ernst Freiherr von Merck** plante einen Zoologischen Garten an dieser Stelle. Eine Aktiengesellschaft wurde gegründet, **Martin Haller** bekam den Auftrag, zusammen mit seinem Partner **Auguste de Meuron**. 1863 war der Zoo fertiggestellt, Ernst Merck konnte ihn den 800 Aktionären nach zweijähriger Bauzeit vorstellen. Garniert mit den Worten: „Jeder Geschäftsmann, dem es nicht vergönnt

sei, auf dem Lande zu wohnen, möge hier seine ‚faulen Stunden' zubringen." Dabei präsentierte er den Gründungsrektor **Alfred Brehm**. Weltberühmt wurde dieser durch sein Buch *Brehms Tierleben*.

Später, 1898, eröffnete Carl Hagenbeck in Stellingen den ersten Tierpark mit gitterlosen Wildhegen. Endgültig geschlossen wurde der Tierpark in den Wallanlagen 1931, der Name Tiergartenstraße blieb.

Von 1863-66 leitete Brehm den *Zoologischen Garten* in Berlin, von 1869–78 das *Berliner Aquarium*.

△ Ernst Freiherr von Merck, 1811-1863, Kaufmann und Politiker, Loge *Ferdinande Caroline zu den drei Sternen*

△ Gerd Pempelfort, 1928-1986, Architekt, Loge *St. Michael am Strom*

Radisson Blu Hotel

Das **Radisson Blu Hotel** ist ein Bündel vertikaler Scheiben, 105 Meter hoch, errichtet 1968 von dem Architekten **Gerd Pempelfort**. Ihn lernten wir schon beim Bau des Logenhauses in der Welckerstraße kennen. Besonders auffällig ist der Umriss: Zwei parallel gegeneinander verschobene Scheiben ergeben eine eindrucksvolle Ansicht. Freimaurerisch ist diese Optik aber nicht zu interpretieren.

Dammtor-Bahnhof

Mehrere Bahnlinien verbanden seit 1842 Hamburg mit dem Umland. Jede Linie hatte eigene Bahnhöfe. Seit 1866 war Altona über die Verbindungsbahn an Hamburg angeschlossen. 1888 hieß der Dammtor-Bahnhof dann Kieler Bahnhof (Gare de Kiel). Der Abriss erfolgte 1903, die Strecke Altona-Hamburg wurde in diesem Bereich erhöht und kreuzungsfrei gelegt. Der neue **Bahnhof Dammtor** wurde 1906 von Kaiser **Wilhelm II.** (*Kaiserbahnhof*) eingeweiht. Gleichzeitig wurde der Hauptbahnhof 1903 bis 1906 von dem Architekten

△ Dammtor-Bahnhof, Haltestelle Dammtor/Universität, 1906 eingeweiht

Süßenguth errichtet. Bauleiter war der Architekt und Freimaurer **Emil H. Maetzel** (1877-1955).

Traditionelle Steinarchitektur, Jugendstilelemente und die stählerne Glashallenkonstruktion bestimmen die Architektur des Dammtor-Bahnhofs, der mehrfach aufwändig restauriert wurde.

Heute mit dem Zusatz: „Universität". Früher hieß es „Messe- und Congresstadt". Hat jetzt der Geist in Hamburg die Oberhand? Für den Spirit sind weiterhin Geist und wirtschaftliches Tun und Handeln gemeinsam zuständig! Das hat uns der Rathaus-Handelskammer-Komplex gezeigt.

BÜSCH-DENKMAL

↗ Wir gehen durch den Bahnhof und stehen auf dem Theodor-Heuss-Platz, schräg links auf der kleinen Rasenfläche vor der Universität treffen wir erneut Johann Georg Büsch.

Moorweide

Professor **Theodor Heuss** (1884-1963) war erster Bundespräsident der Bundesrepublik Deutschland und Namensgeber dieses verkehrsreichen Platzes am Dammtor-Bahnhof.

Die große Grünfläche direkt gegenüber heißt **Moorweide**. Wir verschwenden einen Gedanken an den Gänsemarkt: Hier auf der Moorweide wurden bis zum Ende des 17. Jahrhunderts die auf dem Markt eingesammelten Gänse tagsüber gehütet. Zu Beginn des 19. Jahrhunderts wurde die Moorweide zum Exerzierplatz des Bürgermilitärs. Später Freizeitwiese, danach musste sie für nationalsozialistische Aufmärsche herhalten, und diente der Evakuierung von Bombenopfern im Zweiten Weltkrieg. Die Moorweide wurde sehr wechselvoll genutzt. Nach dem Willen des gegenwärtigen Senats soll diese Gegend ihren landschaftlichen Charakter behalten. Der **Rundbunker** (1939-1941 erbaut) mutet wie ein alter Stadtturm an, ist es aber keinesfalls.

◁ Büsch-Denkmal, Rückseite Relief Bürgerliebe: Der Knabe wird beschenkt von der Staatswirtschaft, der Handlung, dem Gewerbe, Symbole der Verdienste von Büsch

△ Johann Georg Büsch, 1728-1800, Pädagoge, Professor der Mathematik, Aufklärer, Publizist

△ Johann Michael Hudtwalcker, 1747-1818, Kaufmann und Anhänger der Aufklärung, Senator, Loge unbekannt, sein Bruder Jacob Heinrich Hudtwalcker (1753-1799) war Mitglied in der Loge *Absalom zu den drei Nesseln*

Büsch-Denkmal

Wir haben den Pädagogen, Professor der Mathematik, Aufklärer und Publizisten **Johann Georg Büsch** bereits kennengelernt. Jetzt begrüßt uns auf dieser kleinen Freifläche direkt neben der Universität der Obelisk aus geschliffenem Sandstein.

Büsch gründete 1765 mit dem Architekten **Ernst Georg Sonnin** die *Hamburgische Gesellschaft zur Förderung der Manufacturen, Künste und nützlichen Gewerbe*, heute **Patriotische Gesellschaft von 1765**. Zwei Jahre später gründete er die weit über die Stadt hinaus bekannte Privatschule **Hamburger Handelsakademie**. Schüler waren unter anderen: **Alexander von Humboldt, Georg Heinrich Sieveking, Johann Michael Hudtwalcker**. Über die Handelsakademie verschaffte sich Büsch den Ruf als Begründer der deutschen Nationalökonomie. **Büsch** entwarf mit dem Kaufmann **Caspar Voght** die Reform des Armenwesens.

Der Domherr, Jurist, Reiseschriftsteller und Mitglied der Loge *Absalom zu den drei Nesseln* **Friedrich Johann Lorenz Meyer** regte die Patriotische Gesellschaft an, für Büsch das erste Ehrendenkmal der Stadt zu errichten. Als Standort war ursprünglich die **Bastion Vincent** geplant, heute Ort der Kunsthalle. Mehrfach wurde das Denkmal versetzt, bis es an der Ecke Edmund-Siemers-Allee/Rothenbaumchaussee seinen Platz gefunden hat. Besonders symbolträchtig ist das auf der Rückseite angebrachte Relief *Bürgerliebe*. Der Kunsthistoriker Herrmann Hipp interpretiert: „Die *Bürgerliebe* mit Mauerkrone in Gestalt des Hamburg-Wappens opfert mit der *aufwachsenden Generation* dem Gedächtnis Büschs, dessen Verdienste Personifikationen von *Staatswirtschaft und Handel* sowie *Gewerbe* ausdrücken."

◁ *Büsch-Denkmal*

UNIVERSITÄT UND PLATZ DER JÜDISCHEN DEPORTIERTEN

↗ Der Edmund-Siemers-Allee folgend stehen wir vor dem Universitäts-Hauptgebäude.

Edmund Siemers, Hamburger Kaufmann und Mäzen, stiftete 1911 dieses Vorlesungsgebäude. Die Rückseite zeigt in Richtung Moorweide und Campus / Schlüterstraße. Dort hat die **Universität** das imposante alte Postgebäude / Telegraphenamt übernommen. Die **Schlüterstraße** trägt ihren Namen nach dem Hamburger Freimaurer und Bürgermeister **David Schlüter** (1758-1844), Mitglied der Loge *Zum rothen Adler*. Die Vorderseite dieses Gebäudes dokumentiert den zentralen Auftrag: „Der Forschung. Der Lehre. Der Bildung."

Die 1919 von der ersten demokratisch gewählten Bürgerschaft ins Leben gerufene Universität übernahm dieses Gebäude an der Edmund-Siemers-Allee von Beginn an. Herausragende Wissenschaftler wie **Ernst Cassirer** (Philosophie), **Albrecht Mendelssohn Bartholdy** (Rechtswissenschaft) und **William Stern** (Psychologie) forschten und lehrten hier und schufen die Grundlage für den Erfolg, der 2019 mit der Auszeichnung **Exzellenzuniversität**

◁ Blick vom Hotel Radisson Blu: Universitäts-Hauptgebäude, Flügelbau West (links), Logenhaus Moorweidenstraße, Staats- und Universitätsbibliothek Hamburg Carl von Ossietzky, Wohnhaus Grindelallee 1 von Carl von Ossietzky (von rechts nach links)

△ David Schlüter, Doktor der Rechte, Senator, Bürgermeister von 1835 bis 1843, Loge Zum *roten Adler*

wissenschaften) rechts und links des Hauptgebäudes. Auch die Akademie der Wissenschaften und der Bau der Elbphilharmonie wurde von ihnen gefördert. Die religiöse Erziehung Helmut Greves, eines Mennoniten, und seiner Frau hat so positiv auf den Spirit der Stadt gewirkt.

↗ Wir gehen am Westflügel vorbei und stehen auf einer Rasenfläche, heute eine Stätte des Gedenkens: Platz der Jüdischen Deportierten.

Platz der Jüdischen Deportierten

Direkt gegenüber des imposanten *Logenhauses Moorweidenstraße* 36 lag einer der Sammelplätze für die **Deportation** in die Vernichtungslager.

honoriert wurde. Dieser Status wurde der Uni im Rahmen der Exzellenzstrategie des Bundes und der Länder verliehen. Sie gehört damit zu den besten Unis Deutschlands. Heute zählt die Universität 40.000 Studierende und erreicht zusätzlich über das **Allgemeine Vorlesungswesen** viele Tausend Bürger der Stadt. **Johann Georg Büsch,** den wir soeben besser kennenlernen konnten, gilt als der Initiator des Allgemeinen Vorlesungswesens in Hamburg. Den heutigen Erfolg hätte er sich damals nicht träumen lassen!

Die Geisteshaltung des Bürgertums, dem Spirit der Stadt folgend, spendeten die Immobilienunternehmer und Mäzene, Ehrenbürger der Stadt und Ehrensenatoren **Helmut** (1922-2016) und **Hannelore Greve** die Flügelbauten (Geistes-

Bereits bis weit in das 19. Jahrhundert hinein mussten die Juden in Hamburg Einschränkungen erdulden, Rechte wurden beschränkt und das tägliche Leben war von Problemen begleitet. Seit Beginn der Freimaurerei verachtete die Katholische Kirche auch diese, die Juden wurden schon weit länger von der Kirche verachtet – sie galten ja die Mörder Jesu Christi. Es entstand eine Allianz der Schmähungen: antisemitisch, antizionistisch, antifreimaurerisch.

Spuren des Terrors und der Gewalt finden wir in den von **David Chipperfield Architekten** restaurierten Stadthöfen, ehemals Stadthaus. Von 1933 bis 1943 war das **Stadthaus** die Zentrale des nationalsozialistischen Terrors für Hamburg und Teile Norddeutschlands. In der Stadthausbrücke 6 ist heute die Dauerausstellung zu sehen: **Das Stadthaus im Nationalsozialismus. Eine Zentrale des Terrors**.

△ Elementare Gegensätze der Menschlichkeit: das Logenhaus wurde 1935-1945 von den Nationalsozialisten missbraucht

Juden

In den freimaurerischen *Constitutions von 1723* wird den Juden die Mitarbeit in allen Logen zugestanden. Der Freimaurerei ging es dann 1841 um die Gleichstellung der Juden in den Hamburger Logen. Die *Große Loge zu Hamburg* gründete eine Kommission, um eine Ablehnung eines Suchenden zu prüfen. Die betreffende Loge wurde angewiesen, den jüdischen Mitbürger zum Bruder zu machen. Aber noch sieben Jahre dauerte es, bis die bürgerliche Gleichstellung für alle verbindlich wurde.

In der Hartungstraße entwickelte sich ab 1903 das jüdische Kulturzentrum in Hamburg. Hier hatte die *Henry-Jones-Lodge* ihren freimaurerischen Tempel. 1935 wurde er auf Anordnung der Gestapo geschlossen. Ab 1941 diente das Gebäude – ähnlich wie das Logenhaus an der Moorweidenstraße – zur Abwicklung der Deportation von Juden in die Konzentrationslager. Heute wird es von den Hamburger Kammerspielen betrieben, der Logensaal ist frei zugänglich und wird für Lesungen und andere Veranstaltungen genutzt.

Die antijüdischen und antifreimaurerischen Bewegungen spannen früher und spinnen noch heute das Bild einer gemeinsamen Weltverschwörung. Fehlgeschaltete Nutzer moderner Medien befeuern noch heute häufig diesen Unsinn.

△ Universitäts-Hauptgebäude

1983 wurde ein von Ulrich Rückriem geschaffener Gedenkstein errichtet. Eine Tafel weist auf das schwere Erbe hin, das auf dem Logenhaus liegt. Denn dieses Logenhaus wurde nicht abgerissen, es wurde von den Nationalsozialisten als Registratur- und Abfertigungshalle genutzt. Dazu mussten Tausende jüdische Mitbürger auf der weitläufigen Rasenfläche auf ihre Registrierung

△ Spuren der Registratur- und Abfertigungsmaßnahmen durch die Nationalsozialisten im Logenhaus Moorweidenstraße

und den späteren Transport zum Hannoverschen Bahnhof warten.

Der **Hannoversche Bahnhof** im Lohsepark/ HafenCity gilt heute als Zentraler Gedenkplatz für die deportierten Juden während der NS-Zeit. Dort sind Namenstafeln ein wesentliches Element des Gedenkens.

STAATS- UND UNIVERSITÄTSBIBLIOTHEK HAMBURG CARL VON OSSIETZKY

↗ Wir gehen vor das Eckgebäude Grindelallee 1.

Seit 1945 wird dieses ehemalige Gymnasium (das alte Wilhelm-Gymnasium) von der **Staats- und Universitätsbibliothek** genutzt. Das Gymnasium trug seinen Namen nach dem Freimaurer **Kaiser Wilhelm I.**

Im Bombenhagel der **Operation Gomorrha** am 24. Juni 1943 wurde die Stadtbibliothek im alten **Johanneum** am Domplatz fast völlig zerstört. Die restlichen erhaltenen 150.000 Bände verlagerte man in die Räumlichkeiten des **Wilhelm-Gymnasiums**, vor dem wir jetzt stehen. Diese Verlegung war die Grundlage der neuen Staats- und Universitätsbibliothek. Im Gedenken an Carl von Ossietzky und die Bücherverbrennung (15. Mai 1933 am Kaiser-Friedrich-Ufer) wurde das Institut 1983 in **Staats- und Universitätsbibliothek Hamburg Carl von Ossietzky** umbenannt.

◁ Lichthof im Altbau der Staats- und Universitätsbibliothek

△ Carl von Ossietzky, Journalist, Schriftsteller,
Pazifist und Widerstandskämpfer, Loge *Menschentum*

Gegenüber an der Grindelallee 1 befindet sich das frühere Wohnhaus von Carl von Ossietzky. Hier liegt ein in den Bürgersteig eingelassener Stolperstein. Inschrift:

„Hier wohnte Carl von Ossietzky; JG 1869; verhaftet 1933; 1934 KZ Papenburg-Esterwegen; tot an Haftfolgen 04.5.1938."

Carl von Ossietzky (1889-1938), Journalist, Schriftsteller, Pazifist und Widerstandskämpfer, war in Hamburg Mitglied der Loge *Menschentum*. 1936 wurde er schwer erkrankt aus dem Konzentrationslager entlassen. Die Gestapo verbot ihm, zur Verleihung des Friedensnobelpreises nach Oslo zu reisen. Er starb im Alter von 48 Jahren an Tuberkulose.

Ossietzkys Mitbruder in der Loge *Menschentum* war **Walter A. Berendsohn** (1884-1984), der an der Universität ab 1926 als Professor lehrte. Das SPD-Mitglied engagierte sich gegen den entflammenden Nationalsozialismus (siehe auch Seite 10).

△ Altes Wilhelm-Gymnasium mit gegenüberliegendem Wohnhaus von Carl von Ossietzky

Unweit der Bibliothek findet sich ein zentraler Platz der Uni, unschön zwar, aber doch freimaurerisch geprägt: **Allende-Platz**. Der Arzt **Salvador Allende** (1908-1973) war von 1970 bis 1973 sozialistischer Präsident in Chile. Er versuchte, seinem Land auf demokratischem Wege eine sozialistische Gesellschaftsform zu geben. Es kam zu Unruhen, endete in einem Militärputsch, Allende nahm sich das Leben. Er war Freimaurer der Loge *Progressio No.4* in Valparaiso.

MOORWEIDENSTRASSE
(Logenhaus)

↗ Einige Schritte weiter stehen wir vor einem der größten und schönsten Logenhäuser Deutschland.

Hier ist die christliche Richtung der Freimaurerei zu Hause, der Freimaurerorden unter dem Dach der **Provinzialloge von Niedersachsen** (plvn. de). Zugehörig der **Großen Landesloge der Freimaurer von Deutschland**. Ebenfalls humanitär ausgerichtet, aber die christliche Lehre ist hier der Anker der Freimaurerei. Auch Frauenlogen und gemischte Logen arbeiten hier. Insgesamt sind es 22 Logen mit circa 520 männlichen und weiblichen Mitgliedern, also Brüder und Schwestern.

Das Haus wurde von den drei Architekten und Freimaurern **Max Gerhardt**, **Hermann Schomburgk** und **Leopold Strelow** von 1908 bis 1909 errichtet. Vorher arbeiteten die *Johannislogen* dreißig Jahre lang im alten *Logenhaus am Valentinskamp*.

Die feierliche Einweihung dieses imposanten Logenhauses fand zur Erinnerung an den 78. Geburtstag des Freimaurers Kaiser Friedrich III. (1831–1888) am 18. Oktober 1909 statt.

◁ Tempel für freimaurerische Arbeit

△ **Logenhaus Moorweidenstraße, 1909 eingeweiht**

Fakten

- Die christlich ausgerichteten Freimaurer trafen sich ab 1770 in verschiedenen Privatwohnungen, Restaurants, Hotels, Wirtshäusern – und über Jahre auch in einer Zuckerbäckerei
- Erstes Logenhaus: Palais an der Mühlenstraße 5-8 (neben der St. Michaelis Kirche), 1806–1824
- Zweites Logenhaus: Hohe Bleichen 40, 1827–1843
- Drittes Logenhaus: Valentinskamp 74 (der heutige Platz des neuen Deutschlandhauses), 1853–1909
- Viertes Logenhaus: Moorweidenstraße 36
- 1935: Verbot der Freimaurerei, Wiederaufnahme freimaurerischer Arbeit 1949

Die dunkle Zeit

Hier in Harvestehude und Rotherbaum war während der Nazizeit das NS-Regierungsviertel Hamburgs. Das großbürgerliche Ambiente begeisterte wohl auch den Reichsstatthalter und NSDAP-Gauleiter Karl Kaufmann. Seine Adresse und die der von ihm kontrollierten Stadtverwaltung war Harvestehuder Weg 12, das frühere *Budge-Palais*, heute *Hochschule für Musik und Theater Hamburg*. **Martin Haller** hat diese imposante Villa 1884 gebaut, der Kaufmann **Henry Budge** (1840-1928) und seine Frau Emma

▷ **Eingangs-Foyer**

△ Grundsteinlegung Logenhaus Moorweidenstraße, die drei Architekten des Logenhauses mit Brüdern: Strelow (2.), Loge *Zur unverbrüchlichen Einigkeit*, Schomburgk (3.), Loge *Zum Pelikan*, Gerhardt (8.), Loge *Zur Goldenen Kugel* (hintere Reihe von links)

△ Logenhaus Mühlenstraße, erstes Logenhaus

△ Logenhaus Valentinskamp, drittes Logenhaus

△ Auf der Suche nach dem Geheimnis: aufgeschlagene Verkleidungen im heutigen Kleinen Mozartsaal

kauften die Villa um 1900 und ließen 1909 einen **Spiegelsaal** für besondere Feierlichkeiten einrichten. Dieser beeindruckende Saal ist heute im *Museum für Kunst und Gewerbe* als Zeugnis großbürgerlichen Wohnens zu sehen. Er dokumentiert zugleich die tiefe Verankerung jüdischen Lebens in die Stadt.

Zurück zur Moorweide: 1935 begann hier die „Dunkle Zeit" auch für die christliche Richtung der Freimaurerei. Sie wurde von den Nationalsozialisten verboten. Die *Große Landesloge der Freimaurer von Deutschland* verkündete 1935 die Auflösung, die *Provinzialloge von Niedersachsen*

schloss sich in den nächsten Tagen an. Am 18. Juli, abends um 20:00 Uhr, fand die letzte Zusammenkunft unter Leitung des Provinzialmeisters **Emil Artus** (1875-1947) statt. Schlusswort: „So ist denn die Stunde gekommen, da die Ordensbrüder auseinandergehen!"

Münzsammlungen, Medaillen und wertvolles Inventar wurden beschlagnahmt. 1941 war die Liquidation beendet. Das Haus wurde von der Gestapo und der SS besetzt, die NSDAP-Dienststelle der SS-Standarte Germania wütete. Hohlklingende Wände wurden aufgeschlagen: „Wo ist das Geheimnis?" Das Haus wurde auch als

179

Sammelpunkt für Judentransporte in die Vernichtungslager genutzt. So jedenfalls wissen wir es aus der Autobiografie des Liedermachers **Wolf Biermann**. Er beschreibt, wie seine jüdischen Großeltern und weitere Verwandte im November 1941 sich binnen 24 Stunden „in dem Haus Moorweidenstraße 36 Logenhaus" einzufinden hatten und von dort in den Tod transportiert wurden. Glücklicherweise blieb das Gebäude außen weitgehend unzerstört, lediglich Dach und Fenster waren beschädigt. Innen hinterließen die Nationalsozialisten eine Ruine!

Nach der Kapitulation 1945 forderten die Freimaurer das Haus zurück. Die darauffolgenden Jahre waren geprägt vom Hin und Her, von Teilnutzungen (Verwaltungsbehörde) der britischen Besatzungsmacht, die der Freimaurerei grundsätzlich freundlich gegenüberstand, und Teilfreigaben an die Freimaurer.

Am 11. Januar 1949 war es dann so weit: Die Loge *Zum Pelikan* lud zur ersten Arbeit nach 14 Jahren. „Weisheit, Stärke, Schönheit der Gedanken, des Geistes", konnten sich wieder entfalten und der Vernunft und dem Gewissen wieder eine Anschrift geben.

Fassadensymbolik

Die denkmalgeschützte Fassade ist besonders symbolträchtig. Der untere Sockel um den Eingangsbereich gleicht rauen, unbehauenen Steinen.

Das linke Bild unter dem Giebel stellt **Johannes den Täufer** dar, Schutzpatron der Handwerker in den alten Bauhütten. Nach ihm werden heute alle Freimaurerlogen **Johannislogen** genannt, gemeint sind damit die ersten drei

Kubus

Die Symbole des Freimaurers sind Worte, Bilder und Handlungen. Das Symbol seines Selbst ist der raue Stein, kantig und voller Fehler und Schwächen. So sind wir nun mal!

Freimaurerei will nicht den Menschen verändern, sondern ihm seine Fehler bewusst machen, seine Stärken fördern; und so soll er sich tragfähig in den Tempelbau des Lebens einfügen. Diese Arbeit am rauen Stein fußt auf „Denken ohne Dogma" innerhalb der großen Inspirationsquelle der Freimaurerei. Symbolisch sehen wir den angedeuteten Kubus rechts und links neben den zwei großen Säulen unterhalb der Mosaiken.

Erkenntnisstufen. Auf der rechten Seite unter dem Giebel dann das Abbild von **Andreas**. Er steht für die zweite Abteilung in der Lehre dieses **Freimaurer-Ordens**. Im Gegensatz zur Welckerstraße wird nach dem so genannten **schwedischen System** gearbeitet: verankert in der christlichen Lehre. Dieser Zweig der Freimaurerei basiert auf einem in sich schlüssigen Hochgradsystem. In dem von zwei Säulen getragenen Dreieck erkennen wir oben im Giebel das Kreuz des Freimaurer-Ordens.

Oberhalb der drei Fenster auf der linken Gebäudeseite sehen Sie drei Vogelreliefs. Das mittlere Fenster ziert die Eule: „Weisheit!" Der Adler auf dem rechten Fenster symbolisiert die „Stärke". Der Paradiesvogel steht für „Schönheit".

△ Symbole für Schönheit, Weisheit und Stärke (von links nach rechts)

Brauchtum

Brauchtum zeigt sich in der Arbeit durch Wort, Griff und Losung. Auch zum Beispiel in der Tafelloge: ein ritualisiertes, weitgehend lockeres Essen. Die Trauerloge zum Gedenken der Toten gehört auch zur Brauchtumspflege, ebenfalls das jährlich wiederkehrende Stiftungsfest.

Wenn das Logenhaus wochentags gegen Abend geöffnet ist, sind Sie auch als Nichtfreimaurer willkommen. Zum Eingang gehen wir drei Stufen, dann der erste Absatz: Die Zahl drei steht für das „Göttliche" (Dreieinigkeit, Dreifaltigkeit oder Trinität in der christlichen Theologie). Der nächste Absatz hat vier Stufen, das „Weltliche" wird hier symbolisiert: vier Elemente, vier Himmelsrichtungen, vier Jahreszeiten. Drei und vier ergibt sieben: das Universum.

Das Gewölbe des Eingangsbereichs besteht aus 72 Rechtecken: Mit dem göttlichen Zusammenbruch des **Turms zu Babel** verloren die Menschen ihre einheitliche Ausdrucksweise. Nun musste Gott in 72 Sprachen ausgedrückt werden. Jedes Rechteck steht für eine Sprache. So ist jeder in diesem Haus willkommen, gleich welchen Geschlechts (m/w/d), welcher Sprache oder welchen Glaubens. Über dem Eingang zum Foyer lesen wir: *Metanoei*. Das heißt in etwa: *Gehe in dich und gehe mit gewandeltem Geist weiter* – oder wie Johannes der Täufer sagte: *Kehre um zu Gott.*

Organisation

In Deutschland wie in Hamburg gibt es fünf Großlogen:

Die *Alten Freien und Angenommenen Maurer von Deutschland* (AFAM), die *Große Landesloge der Freimaurer von Deutschland* (GLLvD), die preußische Loge *Große National-Mutterloge Zu den drei Weltkugeln (3WK), die American Canadian Grand Lodge* (ACGL) und die *Grand Lodge of British Freemasons in Germany* (BFG). Die Logen dieser Großlogen arbeiten in den Häusern Welckerstraße, Moorweidenstraße und in Harburg. Es wird auf Basis unterschiedlicher Rituale gearbeitet. Übrigens: heute arbeiten in Hamburg 37 Logen mit fast 1.300 Mitgliedern (zum Vergleich: 1925 über 6.000). In Deutschland gibt es heute über 15.300 Freimaurer, auf der ganzen Welt circa 2,6 Millionen.

Alle Großlogen sind zusammengeschlossen im Dachverband: *Vereinigte Großlogen von Deutschland* (VGL) mit Sitz in Berlin. Die *VGL* ist Mitglied im Weltverband.

Im Erdgeschoß finden sich mehrere kleinere Räume, und die **Mozartsäle** (mozart-saele.de) für Konzerte, Lesungen, Vorträge, private Veranstaltungen, und das Restaurant, das gern auch für externe Besucher da ist (das-speisekabinett.de).

In den oberen nicht frei zugänglichen Stockwerken gibt es acht Räume für freimaurerische Arbeiten, die Bibliothek (nach Anmeldung auch für Dritte zugänglich) und die Logenhausverwaltung. Der große Tempel bietet Platz für 150 Personen.

Ideale sind unerreichbar

Ideale und Gemeinsinn sind gerade heute wieder gefragt. Erst daraus entsteht Zukunft! Häufig aber kämpfen der Bürgersinn und seine Organisationen wie Stiftungen, Freimaurer, Vereine um ihre Existenz. Wir müssen den Bürgersinn, das Engagement, das Mitmachen wieder ganz nach vorn bringen. Unsere Demokratie braucht das Engagement. Gerade in einer immer unübersichtlicher werdenden Zeit.

Die Zeit der Aufklärung hat diese Stadt Hamburg geprägt. Baumeister, Patrioten, Freimaurer, Mäzene, engagierte Bürger und Ehrenamtliche stehen für den **Spirit der Freien und Hansestadt Hamburg**. *Ideale sind wie unerreichbare Sterne*, wusste ein amerikanischer Freimaurer. Diese Sterne funkeln über Hamburg ganz besonders hell.

Vorbei ist vorbei, unwiderruflich ist die Vergangenheit vorüber. Aber warum blicken wir dann so häufig zurück? Gibt das Sinn und wenn ja, welchen? Kann uns diese Rückschau helfen, unsere heutigen Probleme zu lösen?

Unsere Geschichte sollte uns immer bewusst sein. Aus der Geschichte lernen, das zählt! So ist es völlig richtig, was der Autor Thomas Vasek schreibt: „Unsere Geschichte ist uns immer schon einen Schritt voraus."

Haben Sie den Spirit entdeckt? Die Freiheit gespürt?
Die vermeintlichen Kontraste Wissen und Kaufmannsgeist
gesehen? Und sich vielleicht gefragt:
Ist das Bürgertum der Stabilitätsanker der Demokratie?
Haben Sie die Ehrenamtlichen, die Vereine,
die Stiftungen getroffen? Und den Baumeistern gestern
und heute gedankt? Die bienenfleißigen Patrioten
aufgesucht? Und sind Sie dem Geheimnis der Freimaurer
auf die Spur gekommen? Freiheit, Humanität, Toleranz
müssen eben immer wieder neu erarbeitet werden!

*Zweifle nie daran, dass eine kleine Gruppe
besonnener, engagierter Bürger die Welt verändern
kann. Tatsächlich ist dies die einzige Art und Weise,
in der sie jemals verändert wurde."*

Margaret Mead, US-amerikanische Ethnologin, 1901–1978

DER WEG DER FREIMAUREREI NACH HAMBURG

Was ist Freimaurerei?

„Die Freimaurer sind ein weltweit verbreiteter Männerbund (redaktionelle Erweiterung: heute m/w/d), dessen Mitglieder sich dem Ideal der humanitären Gesellschaft verschrieben haben. Jeder Freimaurer muss sich verpflichten, selbstkritisch nach Wahrheit, Menschenliebe, Duldsamkeit zu streben", so **Rolf Appel**, 1920-2019, bedeutender Freimaurer und Autor, Journalist, Loge *Die Brückenbauer.*

Es gibt eben sehr viele Definitionen, weil Freimaurerei so vielschichtig ist. Alles ist richtig: Freimaurerei ist eine spezifisch-rituelle *Erfahrungsmethode*. Ohne Dogma. Eine interdisziplinäre *Einübungsethik*. Ein weltweiter ethischer Bund freier Menschen. Freimaurerei unterliegt der Überzeugung, dass ständige Arbeit an sich selbst zur Selbsterkenntnis führt: Das ist die Arbeit am *rauen Stein*. Es ist ein *Persönlichkeitstraining*. Aber auch ein *Fitness-Studio für den Geist*. Vielleicht ist es auch eine unendliche *Inspirationsquelle* für das Selbst?

◁ **Friedrich II. – König von Preußen, Meister vom Stuhl (der Leitende darf als Einziger sitzen!) auf Schloss Rheinsberg**

◁ Georg Ludwig Baron
von Oberg, 1710–1762,
Sohn einer alten Offiziersfamilie, *Loge d'Hambourg*

Hamburg war das deutsche Einfallstor der Freimaurerei

1717 wurde in London die erste Großloge gegründet. Im *Gasthaus Zur Gans und zum Bratrost*. Die Freimaurerei der Moderne war geboren. Jetzt war die Freimaurerei ein wichtiger Baustein der Gesellschaft. Und ein wichtiger Baustein der Aufklärung, nicht treibend, aber doch kommunizierend. Das Gedankengut der Aufklärung bestimmte so die Entwicklung der Freimaurerei, die Bauhüttentradition spielte in der zweiten Reihe.

Eine Konstitution (das Gesetz), die **Alten Pflichten**, wurde 1723 in London erstellt. Danach stellten sich schnell Logengründungen in London, im übrigen Europa und in den amerikanischen Kolonien ein.

Viele Hamburger Kaufleute, die sich zu dieser Zeit geschäftlich regelmäßig in London aufhielten, ließen sich dort in den liberalen und humanitär ausgerichteten Bruderbund aufnehmen. Das hatte zur Folge, dass die Große Loge zu London 1733 die Ermächtigung erteilte, in Hamburg eine erste deutsche Loge zu gründen.

Gesagt, getan: Nun trafen sich die Brüder in zwei Lokalen der Hamburger Altstadt: Im **Kaiserhof** und in der **Taverne d´Angleterre**. Ihr Ziel war es, unter Einhaltung der von London vorgegebenen strikten Regularien, die erste Deutsche Loge zu gründen. Ein schwieriges Unterfangen, aber gegen Ende 1737 waren sie erfolgreich. Dazu hatten die Gründungsmitglieder extra aus Berlin den Buchprüfer bei der Preußischen Münze, **Charles Jaques Louis Sarry**, kommen lassen. Er konnte die Arbeit als ausgewiesener Großmeister ritualgerecht leiten und protokollieren.

So installierten am 6. Dezember 1737 in der *Taverne d´Angleterre* in der Großen Bäckerstraße unter Sarrys Vorsitz sechs Hamburger Persönlichkeiten die *Loge d´Hambourg*. Erster Meister vom Stuhl wurde **Georg Ludwig von Oberg** (1710-1762) Sohn einer Hamburger Offiziersfamilie. Nun endlich konnten sich Architekten, Kaufleute, Künstler, Adlige in den Logen austauschen. Dieser offene Geist, der liberale Bürgersinn, passte punktgenau zu den Ideen des Humanismus und zur Aufklärung.

Ein halbes Jahr später wurde in Braunschweig morgens um 4:00 Uhr in der Gaststätte *Zum Schlosse Salzdahlum* der **Kronprinz Friedrich von Preußen** (1712-1786) von Brüdern der Loge d´Hambourg zum 31. deutschen Freimaurer aufgenommen. Warum Braunschweig? Der Kronprinz war mit seinem Vater auf der Heimreise von Holland. Nach der Aufnahme lud er Baron von Oberg in sein **Schloss Rheinsberg** ein, um mit ihm die zweite Deutsche Loge *La loge première* einrichten zu können. Warum Rheinsberg in Brandenburg? Hier wohnte der Kronprinz mit seiner Gemahlin Elisabeth Christine (1715-1797). Die Logengründung hatte zur Folge, dass in den nächsten Jahren die Freimaurerei in Deutschland einen Aufschwung erfuhr. Hamburg gilt damit als das Einfallstor der „Königlichen Kunst" in Deutschland.

1743 war es auch für Hamburg so weit: Die **Loge d´Hambourg** musste den Namen in *Absalom* ändern, um am 24. September 1743 die zweite

△ Winkelmaß und Zirkel mit Stadt-Wappen, das älteste Logo der *Großen Loge von Hamburg* schafft Identifikation

Hamburger Loge mit dem Namen *St. Georg* gründen zu können.

Danach entwickelten sich verschiedene Logenschwerpunkte, einmal humanitär ausgerichtet oder ab 1770 dann die christliche Ausrichtung mit der Loge *Zu den drei Rosen*.

Viele Bürger aus allen Ständen und Berufsgruppen ließen sich zu Freimaurern aufnehmen. So entwickelte sich die Freimaurerei in Hamburg positiv mit wachsender gesellschaftlicher Bedeutung.

In den letzten 100 Jahren ist dagegen die Entwicklung stark rückläufig, auch begründet durch das Verbot in den Jahren des Nationalsozialismus. Aber es gibt viele weitere Gründe. Heute versteht sich die Freimaurerei in Hamburg als weltoffen, humanitär, spirituell und als Fitness-Studio für den Geist.

Mozartsäle im Logenhaus

ANHANG

Architekten und Baumeister

Humanitäres Engagement, das Selbst der Bürger und das hohe Ziel des Mitmachens geben dem Spirit der Stadt ein so positives Lebensgefühl, schaffen den Mythos. Aber nicht nur der Geist, die Musik, die Einflüsse aus Frankreich und Italien, auch die visuelle Schönheit, die Häuser und Stadt-Strukturen haben ihren Anteil am Lebensgefühl der Hamburger und ihrer Gäste.

Hamburger Baumeister und Architekten, Patrioten und Freimaurer, sind für diese emotionale Komponente mit verantwortlich. Einige dieser Persönlichkeiten, die Hamburg prägten, haben wir bereits getroffen, einige noch nicht. Beide sind hier aufgeführt – ohne Anspruch auf Vollständigkeit. Die nachfolgende Liste basiert auf eigenen Recherchen der Autoren und auf der Website *hamburgerpersoenlichkeiten.de/Architektur*, die von der *Gesellschaft Harmonie von 1789* und der *Stiftung Historische Museen Hamburg* gefördert wird.

Nach Geburtsjahr aufsteigend

Ernst Georg Sonnin (1713–1794), Loge nicht nachgewiesen, nur vermutet, Hauptkirche St. Michaelis

Christian Frederik Hansen (1756–1845), Mitglied einer dänischen Loge, bedeutendster Architekt in Dänemarks goldenem Zeitalter, Landesbaumeister von Schleswig und Holstein, Direktor der Kunstakademie Kopenhagen. Landhäuser für Godeffroy, Tempelbauten, Straßenzug Palmaille. Durch seinen neuklassizistischen Stil wurde Altona zur Hochburg des Klassizismus.

Axel Bundsen (1768–1832), Loge *Absalom zu den drei Nesseln*, erstes Freimaurer-Krankenhaus am Dammtorwall, Logenhaus Drehbahn, Landhaus Rücker, Landhaus Brandt an der Elbchaussee

Carl Ludwig Wimmel (1786–1845), Loge *Zum rothen Adler*, St. Pauli-Kirche, Allg. Krankenhaus St. Georg, Stadt-Theater, Bebauung Esplanade, Heilig-Geist-Hospital, Schlachthof, gemeinsam mit Franz Gustav Forsmann die Hamburger Börse

Franz Gustav Forsmann (1795–1878), Amsinck-Palais, Jenisch-Haus, gemeinsam mit Carl Ludwig Wimmel die Hamburger Börse, altes Johanneum am Domplatz

Alexis de Chateauneuf (1799–1853), Johanneum/Domplatz, Stadtpost Neuer Wall, Alsterarkaden

Theodor Bülau (1800–1861), Haus der Patriotischen Gesellschaft

Gottfried Semper (1803–1879), Logen: *Ferdinand zum Felsen* und in Dresden *Zu den drei Schwertern* und *Aästa zur grünenden Raute*, Planung Rathausmarkt/Kleine Alster, Semperoper/Dresden

William Lindley (1808–1900), Modernisierung der Wasserver- und Entsorgung, Bau der ersten Eisenbahnlinie nach Bergedorf

Johann Hermann Maack (1809–1868), Inspektor Baudeputation, Lombardsbrücke

Martin Haller (1835–1925), Loge *Absalom zu den drei Nesseln* (nicht nachgewiesen), Rathaus, Laeisz-Halle, Generalkonsulat der USA, Afrikahaus, der Dovenhof (1886) steht für den Beginn des Wandels vom alten Hamburg hin zur Kontorhaus-City. Dresdner Bank Jungfernstieg, Budge-Palais, Anglo-German-Club

Wilhelm Emil Meerwein (1844–1927), Hamburger Hof, Laeisz-Halle, Kaispeicher B (heute Internationales Maritimes Museum Hamburg)

Otto Heinrich August Westphal (1853–1932), Loge *St. Georg zur grünenden Fichte,* Hansehof zusammen mit Franz A. Bach, Henckels-Solingen-Haus

Hermann Geissler (1859–1939), Loge *Zur Bruderkette,* in einer Sozietät mit Haller, Wiederaufbau der Michaeliskirche nach dem Brand 1906 (zusammen mit Julius Faulwasser und Emil Meerwein), *Deutsche Bank* am Adolphsplatz, *Dresdner Bank,* Slomanshaus, Afrikahaus

Franz Albert Bach (1865–1935), Loge *Zu den drei Rosen,* Mitgestaltung Mönckebergstraße, Barkhof, Levantehaus, Südseehaus, Geschäftshäuser in der Spitalerstraße mit Semperhaus

Fritz Schumacher (1869–1947), Oberbaudirektor; Handwerkskammer, Museum für Hamburgische Geschichte, die Wohngebiete Dulsberg, Barmbek-Nord und die Jarrestadt, Neues Johanneum, Davidwache, Justizbehörde, Finanzbehörde, Tropeninstitut

Hermann Friedrich Wilhelm Frank (1871–1941), Loge *Zum rothen Adler,* gemeinsam mit Bruder **Paul August Raimund Frank** (1878–1951) bedeutende Wohnbauprojekte in Dulsberg, Barmbek, Ohlsdorf

Fritz Höger (1877–1949), Broschek-Haus, Chile-Haus

Emil Maetzel (1877–1955), Loge *Zur Hanseatentreue,* Bauleitung Hauptbahnhof, Künstlerhaus Maetzel/Volksdorf

Carl Gustav Bensel (1878–1949), Loge *Zum Pelikan,* gemeinsam mit Franz A. Bach Levantehaus, Südseehaus, Karstadt Mönckebergstraße, Kirchen und Wohnhäuser

Otto William Richard Kahl (1881–1950), Loge *Ferdinande Caroline zu den drei Sternen,* Eppendorferbaum-Palais, Kloster St. Johannis, Geschosswohnhaus Hütten

Rudolf Klophaus (1885–1957), Loge *Zur Hanseatentreue,* City-Hof-Hochhäuser Klosterwall/ inzwischen abgerissen, Umbau Gebäude *Patriotische Gesellschaft,* Mohlenhof, Altstädter Hof, Pressehaus Speersort

Werner Kallmorgen (1902–1979), Allgemeines Krankenhaus Altona, Kaispeicher A (Fundament Elbphilharmonie), Hauptverwaltung Otto-Versand, Ernst Barlach-Haus im Jenischpark

Karl Plomin (1904–1986), *Niederdeutsche Gartenschau* 1935, Mitarbeit *IGA* 1953, 1963, 1973

Cäsar Pinnau (1906–1988), *Club an der Alster,* Landhaus *In de Bost,* Elbkurhaus, Hochhaus Hamburg Süd

Gustav Lüttge (1909–1968), Gartengestalter, Alsterpark/ Lüttge-Garten

Gerd Pempelfort (1928–1986), Loge *St. Michael am Strom* (1954–1994), Esso City Nord, Großsiedlung Steilshoop, *Radisson SAS Hotel,* U-Bahnhof Hagenbecks Tierpark, V5 Logenhaus Welckerstraße, ehem. Reichsbank Alter Wall, Amsinck-Palais

Egbert Kossak (1936–2016), Oberbaudirektor, Mitarbeit Konzept HafenCity

Bauen als Symbol

Basissymbole des Selbst sind in der Freimaurerei: Das Symbol des Lichts, des Wanderns, des Bauens. Kurz gesagt: Erkenntnis, Transformation und der Tempelbau der Humanität in uns. Professor Hans-Hermann Höhmann: „Wir verstehen Sein und Zeit als sinnvoll zu gestaltende Bauwerke. Wir gehen davon aus, dass unserem Bauen eine wertgebundene Bauidee zugrunde liegt, die wir mit der Idee eines universellen großen Baumeisters umschreiben. Unser symbolisches Bauen folgt Regeln und verzichtet doch auf ein festes Bauprogramm. Freimaurerei als Baustil, darauf kommt es an."

Nachgewiesen oder vermutet?

Wenn eine Logenmitgliedschaft nur vermutet wird, begründet sich das auf den Freundeskreis, das Leben, das Wirken, und auf allgemeine Dokumente – nur eins fehlt: der Beweis. Und den finden wir in der „Matrikel". Das ist die Identifikation zur Personenkennzeichnung, heute an allen Hochschulen üblich, auch in den Logen früher und heute. Eine Person ist also nur über das Personenverzeichnis (die Matrikel) eindeutig als Mitglied zu identifizieren. Manche Brüder haben bereits früher Wert darauf gelegt, in der Matrikel nicht mit vollem Namen, beziehungsweise nicht in das Verzeichnis aufgenommen zu werden. Daher ist ein eindeutiger Beweis manchmal schwer zu führen. Fehlt also diese Eindeutigkeit mit Beweiskraft sagen wir: Loge „unbekannt", oder „vermuteter" Freimaurer.

Literatur

Vorwort

Büsch, Johann Georg: *Erfahrungen*. 4. Bd. Hamburg 1794. Zitat S. 244 f. in Büschs Orthographie und Interpunktion.

Kopitzsch, Franklin: Ernst und Falk. *Lessings politisches Vermächtnis*. In: William Boehart, Wolf-Rüdiger Busch (Hg.): *Lessing tut Noth. Toleranz gegen den „Kampf der Kulturen". Das Lessing-Projekt Geesthacht*. Geesthacht 2010, S. 84–91.

Lessing, Gotthold Ephraim: *Ernst und Falk. Gespräche für Freimäurer*. In: Ders.: *Werke und Briefe in zwölf Bänden*. 10. Bd.: Werke 1778–1781. Hg. von Arno Schilson und Axel Schmitt. Frankfurt am Main 2001, S. 11–72, Zitate S. S. 37, 32, 33. Kommentar S.700–791.

Vierhaus, Rudolf: *Aufklärung und Freimaurerei in Deutschland*. In: Ders.: *Deutschland im 18. Jahrhundert. Politische Verfassung, soziales Gefüge, geistige Bewegungen. Ausgewählte Aufsätze*. Göttingen 1987, S. 110–125, Anm. S. 283–286, Zitate S. 120. (Erstdruck in: *Das Vergangene und die Geschichte. Festschrift für Reinhard Wittram zum 70. Geburtstag*. Hg. von Rudolf von Thadden, Gert von Pistohlkors, Hellmuth Weiss. Göttingen 1973, S. 21–43.)

Welcker, Carl Theodor: *Association, Verein, Gesellschaft, Volksversammlung (Reden ans Volk und collective Petitionen); Associationsrecht*. In: Carl von Rotteck, Carl (Theodor) Welcker (Hg.): *Staats-Lexikon oder Encyklopädie der Staatswissenschaften*. 2. Bd. Altona 1835, Zitat S. 23.

Hauptteil

Appel, Rolf: *Schröders Erbe, 200 Jahre Vereinigte fünf Hamburgische Logen*. Hamburg 2000

Appel, Rolf: *Lessing am Gänsemarkt*. Lessing-Gesellschaft e.V., Hamburg 2004

Büsch, Johann Georg: *Erfahrungen*. B.G. Hoffmann, Hamburg 1790

Dickie, John: *Die Freimaurer, der mächtigste Geheimbund der Welt*. S. Fischer Verlag, Frankfurt/Main, 2020

Diercks, Herbert: *Rund um die Alster. Hamburger Geschichte im Nationalsozialismus.* Herausgegeben von der KZ-Gedenkstätte Neuengamme, Hamburg 2018

Embden, G.: *Worte der Erinnerung an Hermann Baumeister.* O.Verl. Hamburg 1906

Geier, Manfred: *Aufklärung. Das europäische Projekt.* Rowohlt Verlag, Hamburg 2012

Gröwer, Karin und Günther, Barbara: *Gegen das Vergessen, Opfer totalitärer Verfolgung aus dem Ehren- und Hauptamt der Handelskammer Hamburg.* Wachholtz Verlag, Kiel / Hamburg 2019

Grolle, Joist (Hrsg.), Photographien, Meyer-Veden: *Das Rathaus der Freien und Hansestadt Hamburg.* L&H-Verlag, Hamburg 1997

Habeck, Robert: *Patriotismus. Ein linkes Plädoyer,* Gütersloher Verlagshaus, Gütersloh und München 2010

Harberg, Jochen/Marxen, Regine, *Hier spielt die Musik.* In: *Hinz & Kunzt. Nummer 343.* September 2021, Seite 46

Henkel, Wolfgang/Henkel, Simone/Elwers, Rainer/Seufert, Stefan: *Hamburg in 24 Stunden.* L&H Verlag, Hamburg 2005

Hipp, Hermann: *Freie und Hansestadt Hamburg. DuMont Kunst-Reiseführer.* DuMont Buchverlag, Köln 1989

Höhmann, Hans-Hermann: *www.freimaurerei.de,* (zuletzt aufgerufen am 13.01.2022/Bauen als Symbol)

Keller, Susanne B.: *Königliche Kunst, Freimaurerei in Hamburg seit 1737.* Dölling und Galitz Verlag, München und Hamburg 2009

von Kirchbach, Hans-Peter: *Patriotismus heute: Definition eines zu Unrecht diskreditierten Begriffs.* In: *Arbeitspapier Sicherheitspolitik,* Nr. 26/2016, Bundesakademie für Sicherheitspolitik, Berlin 2016

Koerner, Bernhard (Hrsg.): *Hamburger Geschlechterbuch.* Bd. 19, C.A.Starke, Görlitz 1911

Kopitzsch, Franklin/Brietzke, Dirk, (Hrsg.): *Hamburgische Biografie. Personenlexikon.* Bd. 3, Wallstein Verlag, Göttingen 2006

Kopitzsch, Franklin/Tilgner, Daniel: *Hamburg-Lexikon.* 2. Auflage, ZEISE-Verlag, Hamburg 2000

Küpper, Anke/ Duggen, Katrin: *Hamburg Kompakt. Der Kulturreiseführer.* L&H Verlag, Hamburg 2002

Landeszentrale für politische Bildung Hamburg, *Stolpersteine in Hamburg.* (www.stolpersteine-hamburg.de), Hamburg, letzter Aufruf 09.5.2022 Lennhof/Posner/Binder: *Internationales Freimaurer Lexikon.* Herbig, München 2000

Meyer, Marcus: *Volksgemeinschaft oder Weltbruderkette? Freimaurer in der Weimarer Republik und im "Dritten Reich".* In: *Königliche Kunst, Seite 126-137,* Dölling und Galitz Verlag, Hamburg 2009

Pini, Udo: *Zu Gast im alten Hamburg.* Hugendubel, München 1997

Polscher, Christian: *Streifzüge durch Hamburg – auf den Spuren bekannter Freimaurer.* Leipziger Freimaurer Verlag UG, Leipzig 2012

Polscher, Christian: *225 Jahre praktizierte Nächstenliebe, Geschichte der Institute der Vereinigten fünf Hamburgischen Logen.* Selbstverlag, Hamburg 2021

Rabe, Peter Christian Heinrich: *Institut für weibliche und männliche Kranke, Beförderer der Institute für weibliche und männliche Kranken.* O. Verl. Hamburg 1804

Schädel, Dieter (Hrsg.): Wie das Kunstwerk Hamburg entstand. Dölling und Galitz Verlag, München/Hamburg 2006

Schloz, Harald: *Es begann 1676. Hamburger Feuerkasse.* L&H Verlag, Hamburg 2001

Vasek, Thomas: *Wachsein fürs Vergangene.* In: *Hohe Luft* Ausgabe 1/2022. Hamburg 2022

Wegener, Franz: *Der Freimaurergarten.* Kulturförderverein Ruhrgebiet, 2014

Wegner, Matthias: *Hanseaten. Von stolzen Bürgern und schönen Legenden.* Siedler Verlag, Berlin 1999

Wenzel, Joachim E.: *Geschichte der Hamburger Oper 1678–1978.* Hamburgische Staatsoper, Hamburg 1978/1980/1992

Register

A

B

C

D

E

F

G

T

U

V

W

Z

Autoren

Dr. Franklin Kopitzsch, geboren 1947 in Neustadt an der Orla, Prof. (i.R.), Universität Hamburg, Historisches Seminar, Arbeitsstelle für Hamburgische Geschichte. Mitherausgeber des *Hamburg-Lexikon* und der *Hamburgischen Biografie*, bisher 7 Bände 2001–2020.

Wolfgang Henkel, geboren 1944 in Hamburg, verheiratet, zwei erwachsene Kinder, lebt in Hamburg, heute im Ruhestand. Betriebswirt, selbständiger Unternehmer/Marketing- und Unternehmensberatung, Verleger, Freimaurer, ehrenamtliche Tätigkeiten.

Christian Polscher, geboren 1945 in Hamburg, war bis zu seinem Ruhestand in der Logistikbranche tätig. Polscher ist verheiratet und lebt in Hamburg. Freimaurer, ehrenamtliche Tätigkeiten.

FOTONACHWEIS

Cover: rudi1976 – stock.adobe com

Klappen innen: obelicks – stock.adobe.com

Innen: Alsterhaus/The KaDEWe Group 81; Architektur-Bildarchiv / Thomas Robbin 79, 137, 141 (o.); Caesar Amsinck & Otto Hintze (In: Die niederländische Familie Amsinck. Band 3: Von der Mitte des 18. Jahrhunderts bis zur Gegenwart. Hamburg 1932) 93 (l. o.); Carl-Jürgen Bautsch – stock.adobe.com 96/97; Blaubach Fotografie - stock.adobe.com 50; Blickfang – stock.adobe.com 6/7; Deutsche Post AG 132; Andreas Douvitsas – stock.adobe.com 62/63; Fotobeam – stock.adobe.com 138; Fotografie Dorfmüller Klier, Hamburg 76/77, 86; Funke Foto Servicees/Michael Rauhe 85 (u.); Hadi Teherani Architects GmbH/ABG Real Estate Group, Visualisierung Pancptikon 100, 101; Hamburger Persönlichkeiten (www.hamburgerpersoenlichkeiten.de) 32, Handelskammer/VEEK, Michael Zapf 48/49; Wolfgang Henkel & Christian Polscher 14, 22, 23, 26/27, 29, 31 (o.), 36/37, 40, 42, 45, 51 (l.), 52-55, 55/56, 58, 59, 61, 65, 66, 68, 74, 75, 78, 82, 90 (u.), 91, 92, 93 (u.), 103, 104, 110 (l.), 112-114, 115 (r.), 118, 120, 121 (r. o & u.), 127 (r.), 129-131, 135 (l.), 139 (o.), 140, 141 (u.), 142-144, 155, 156 (l.), 158-162, 164/165, 167, 169, 172(r.)-177, 178 (o. & r. u.), 179, 181, 186-188; M. Johannsen – stock.adobe.com 139 (u.); Kameraauge – stock.adobe.com 150; Norbert Kiel – stock.adobe.com 147; L&H Verlag 152/153; Ladage & Oelke 56, 73 (r.); Ladage & Oelke, Martin Smolka 57; Lotharingia – stock.adobe.com 11; Wolfgang Meinhardt 73 (l.); Museum für Hamburgische Geschichte, Ros Aldershoff 136; Museum für Hamburgische Geschichte, Michael Zapf 134; Museumsstiftung Post und Telekommunikation/unbekannter Fotograf 133; Martina Nolte (Hauptgebäude Universität), Creative Commons by-sa-3.Ode 168; POLA Landschaftsarchitekten GmbH 148/149; pwmotion -– stock.adobe.com 70/71; rudi1976 – stock.adobe.com 12/13; Skyfish/Freie und Hansestadt Hamburg, Pressestelle des Senats/Roland Magunia 2; Staatsarchiv Hamburg 30, 33, 39, 42, 44, 47, 72, 95, 102, 111, 128, 151, 157, 178 (l. u.); Staatsbibliothek, creative commons, Michael Zapf 170/171; Staatsoper Hamburg/Arno Declair 126; Staatsoper Hamburg/Niklas Mark Heinecke 122/123, 124 (r.)/125; Unternehmensarchiv Axel Springer 60; Wikimedia Commons 16, 18, 20, 21, 25, 38, 41, 64, 67, 80, 83, 87, 88, 89, 90(o.), 93 (r. o.) 98, 99, 106, 115 (l.), 124 (l.), 127 (l.), 135, 156 (r.), 163 (l.), 184/185

Der Verlag hat sich bemüht, alle Rechteinhaber ausfindig zu machen. Eventuelle Auslassungen wird der Verlag bei entsprechendem Hinweis gern in einer folgenden Auflage korrigieren.

Danke

An Professor Dr. Franklin Kopitzsch für Durchsicht und vielfache Anregungen. An Dr. Juergen Herzog für kritisches Hinterfragen. An Richard Bosse, Johannisloge Zum rothen Adler, für Korrektur der freimaurerischen Texte. Dank an die Inserenten, die es dem Verlag leichter machten, dieses Buch zu produzieren.

Impressum

© 2022 L&H Verlag
Bernauer Straße 8a
10115 Berlin
www.lh-verlag.com

Der L&H Verlag ist Teil der
Verlagskooperation lesen *lokal*
www.lesen-lokal.de

Idee: Wolfgang Henkel und Christian Polscher
Konzept: Wolfgang Henkel
Autoren/Texte/Redaktion: Wolfgang Henkel und Christian Polscher, beide Hamburg
Einführung: Prof. (i.R.) Dr. Franklin Kopitzsch, Hamburg
Lektorat: Thies Schröder & Manuel Lindinger, L&H Verlag
Herstellung: Manuel Lindinger, L&H Verlag
Gestaltung/Typo/Layout: Falk Flach, typegerecht berlin
Karte: typegerecht berlin

printed in the EU

ISBN 978–3-939629–68-9

Bibliografische Information der Deutschen Bibliothek
Die Deutsche Bibliothek verzeichnet diese Publikation in der
Deutschen Nationalbibliografie. Detaillierte bibliografische Daten
sind im Internet über http://dnb.ddb.de abrufbar.